Safe Chaouch

Application web sur la réalisation des enquêtes en ligne

Nejia Batti
Safe Chaouch

Application web sur la réalisation des enquêtes en ligne

Éditions universitaires européennes

Impressum / Mentions légales
Bibliografische Information der Deutschen Nationalbibliothek: Die Deutsche Nationalbibliothek verzeichnet diese Publikation in der Deutschen Nationalbibliografie; detaillierte bibliografische Daten sind im Internet über http://dnb.d-nb.de abrufbar.

Information bibliographique publiée par la Deutsche Nationalbibliothek: La Deutsche Nationalbibliothek inscrit cette publication à la Deutsche Nationalbibliografie; des données bibliographiques détaillées sont disponibles sur internet à l'adresse http://dnb.d-nb.de.

Coverbild / Photo de couverture: www.ingimage.com

Verlag / Editeur:
Éditions universitaires européennes
ist ein Imprint der / est une marque déposée de
OmniScriptum GmbH & Co. KG
Heinrich-Böcking-Str. 6-8, 66121 Saarbrücken, Deutschland / Allemagne
Email: info@editions-ue.com

Herstellung: siehe letzte Seite /
Impression: voir la dernière page
ISBN: 978-3-8417-4753-2

Dédicace

Se sentir soutenus, encouragés par ceux que l'on aime lorsque nous sommes totalement et entièrement impliqués dans une chose qui nous tient à cœur est vraiment quelque chose d'indispensable. Qu'il émane de la famille ou des amis proches, le soutien moral donne du courage et l'impression que le projet ne nous appartient plus exclusivement; il est aussi à ceux qui ont espéré et fait en sorte qu'il aboutie dans les meilleures conditions possibles.

Je rends donc tout d'abord hommage à mes parents dont le soutien a été sans égal et qui ont tout fait pour que la réalisation de ce projet se passe dans les conditions les plus favorables. Papa, maman, ce projet vous est dédié.

Hommage aussi à mes sœurs qu'elles m'ont encouragée sans relâche durant tout le temps de la préparation du projet, ainsi qu'à mon beau frère et mes deux petites nièces Chaima et Alma pour leurs amours, je n'oublie pas de vous dédier ce projet à vous aussi.

Je n'oublie pas mes amies et sœurs à la fois Ichrak, Manou, Raoua et Maroua qui m'ont soutenues durant cette expérience, aussi à ma binôme Safé qui est toujours à mes cotés, ce travail est dédié à vous.

Mes pensées vont maintenant vers mon fiancé Ahmed qui a vécu avec moi dés le début à sa fin l'élaboration du projet. Ahmed, merci d'avoir été à mes côtés durant cette expérience que nous avons pu partager ensemble.

Un grand merci aux familles Batti, Cherif et Béji pour leurs encouragement...

Il est incontestable qu'il y a dans ce projet l'emprunte de chacun de vous, et c'est donc avec une certaine fierté et une grande émotion que je vous dédie encore une fois à tous ce projet qui est aussi en quelques sortes un peu le vôtre.

🖋 *Nejia*

Dédicace

Pour l'âme de mon père **Hédi**

Que le Dieu bénisse et l'amène au Paradis

A ma chère mère **Raouda**

Pour leur amour, leur patience et leurs sacrifices

A mon frère **Mohamed**

A mes sœurs **Ameni** & **Marwa**

Pour leurs aides et leurs soutiens

qui m'ont poussé à poursuivre mes études

A ma belle sœur **Yosra**

A mes deux petits nièces et neveu **Loujayne** et **Salah**

A ma collègue et mon binôme **Nejia**

Avec laquelle j'ai partagée d'agréables moments

A mes amies **Bassma, Safa, Dekra, Raoua, Marwa**…

que je les aime énormément.

A tous ceux que j'aime

Safé

REMERCIEMENTS

Le présent mémoire est le rapport de notre projet de fin d'études réalisé en vue de l'obtention d'une licence appliquée en développement des Systèmes d'Information à l'Institut Supérieur des Etudes Technologiques (ISET) de Bizerte. Ce projet a été proposé et accueilli par la société *Pôle Elgazala des technologies de la communication* dont le but est la conception et développement d'une application web sur la réalisation des enquêtes en ligne.

Au terme de ce projet, nous tenons à remercier tout d'abord et avant tout Dieu pour la force et la patience qu'il nous a donnée durant ces quatre mois de préparation.

Nos remerciements les plus distingués iront à *Mr Kais CHIHI*, Ingénieur en statistique et analyse de l'information et encadreur à l'entreprise pour sa générosité, ses conseils précieux et son suivi qui nous a permis de mener à terme notre travail.

Nous présentons notamment notre profonde gratitude à tout le personnel de la société Elgazala Technopark pour leur accueil chaleureux et leur esprit de collaboration le long de ce projet.

Nous adressons nos sincères remerciements à *Mme Fethia HAMDI et Mme Leila Nedia ESSAIDI* enseignantes à Institut Supérieur des Etudes Technologiques (ISET) de Bizerte, qui n'ont pas épargné le moindre effort dans l'encadrement de ce projet. Nous les remercions pour leurs conseils, leurs disponibilités, leurs encouragements et pour nous avoir prêté main forte tout au long de notre travail.

Nous tenons aussi à remercier tout nos enseignants de l'ISET qui nous ont formés et préparés pour ce projet où se reflètent trois années de travail et d'apprentissage.

Nos remerciements convergent maintenant vers vous, membres du jury, nous vous sommes gré d'avoir bien voulu prendre la peine d'évaluer notre travail, qui est le fruit de recherches et d'efforts considérables.

Nejia BATTI
Safé CHAOUCH

Table des Matières

Liste des figures

Liste des tableaux

INTRODUCTION GENERALE

Les enquêtes rémunérées deviennent rapidement le moyen le plus privilégié de collecte de données d'aujourd'hui, grâce à l'Internet. La collecte de l'information des consommateurs est l'étape la plus importante dans le secteur études de marché. Selon la norme ISO 9001 version 2000, l'entreprise doit assurer la compétence de toute personne ayant une incidence sur la qualité du produit, elle doit mettre en œuvre les moyens nécessaires pour cela et évaluer l'efficacité des actions entreprises. Les enquêtes en ligne sont devenues en moins de cinq ans le mode d'interview le plus performant et le moins cher pour divers raisons dont la rapidité qui correspond à la mise en œuvre d'une enquête en ligne en seulement quelques heures, la réactivité dont les résultats sont enregistrés en temps réel et immédiatement disponibles sur le site, la simplicité qui correspond à la mise en place des nos solutions d'enquêtes en ligne sans aucun investissement en matériel ni en personnel qualifié et enfin l'accessibilité dont les réponses restent confidentielles et sont totalement sécurisées.

Certaines entreprises clientes ont adopté la solution d'enquête en ligne, profitant de l'outil développé à l'origine pour les enquêtes permanentes de satisfaction clients. Ces entreprises déclenchent l'envoi d'emails de questionnement par saisie d'une demande d'envoi unitaire ou à partir de fichiers. Les personnes concernées (stagiaires, personnels...) répondent à ce questionnaire en quelques secondes et les résultats sont traités en temps réel. La restitution de ses informations se fait en ligne.

La société Pôle Elgazala des technologies de la communication spécialisée dans le développement du secteur des technologies de la communication a pour mission première est de faire face aux difficultés de collecte des informations auxquelles sont confrontées les sociétés tunisiennes. Dans le cadre de l'informatisation de la collecte de l'information, la société Pôle Elgazala a décidé de lancer un projet d'enquêtes en ligne visant à simplifier et à rendre plus compétitif le travail des entreprises du pôle afin de faciliter les échanges entre eux.

Afin d'atteindre ses objectifs de développement dans un contexte d'évolution, Elgazala Technopark se propose de mettre en place d'un système d'enquête en ligne lui permettant, à tout instant, d'obtenir les réponses et les tableaux statistiques liés automatiquement édités, sous forme de tableaux de bord qualité avec détermination d'objectifs et des seuils de tolérance par critères, à l'instar des tableaux de bord de qualité perçue. La solution logicielle nécessaire à la mise en place d'un tel système doit essentiellement rependre aux critères de complétude, de fiabilité et de sécurité intrinsèques à la nature de l'activité de l'entreprise.

C'est dans ce cadre que s'inscrit notre projet. En effet, nous avons été chargés de mettre en place une application web d'enquête en ligne pour faciliter la communication entres les différents entreprises et l'administration du pôle. L'enquête en ligne permet de créer toutes sortes de sondages en ligne de manière simple et de les évaluer automatiquement. Pour participer au sondage il suffit de faire l'inscription au site, ensuite tous les services peuvent être utilisés. La création des enquêtes est facile, rapide qui peut être par la suite envoyée par un simple lien aux participants. Les réponses peuvent être évalués en temps réel, ils sont présenté directement, graphiquement et quantitativement, et peuvent être imprimé.

Dans ce manuscrit, nous développons les différentes phases qui ont amené à l'aboutissement de ce projet. Nous introduisons dans le premier chapitre le cadre du projet via une présentation de la société d'accueil et une étude de l'existant avec les solutions proposées. Nous entamerons ensuite la partie spécifications des besoins à travers le deuxième chapitre en exposant l'interaction de l'application avec ses utilisateurs, et en produisant les diagrammes dynamiques et statiques les plus révélateurs de l'application.

La conception fera l'objet du troisième chapitre. Elle prendra en considération le résultat de la section précédente. L'étape de la conception est précédée d'une étude préalable. Cette étude doit couvrir les attendes de l'utilisateur au travers de l'étude des besoins qui doit déterminer le contenu de la base de données et son organisation.

Le dernier chapitre sera consacré à la réalisation. L'environnement matériel et logiciel de travail sera présenter, ainsi que quelques captures d'écrans de l'application développée. Nous allons mettre l'accent sur les différentes technologies utilisées pour l'élaboration du projet et par la suite à la justification des éventuels choix possible. Pour conclure, nous présentons les connaissances acquissent durant ce stage et nous proposons comme extension logique de ce projet un ensemble de perspectives.

Des annexes seront présentes pour compléter ce travail et éclaircir certains points non détaillés à travers les chapitres à fin que le rapport reste équilibré.

Cadre du projet

CHAPITRE 1

Introduction

La connaissance rapide des profils et usages de vos clients et prospects constitue aujourd'hui un objectif majeur pour chaque organisme. L'enquête en ligne est aujourd'hui la seule méthode permettant d'estimer rapidement la perception des clients-prospects et de recueillir leurs attentes en termes de contenus et services. L'enquête par Internet joue également un rôle mobilisateur et impliquant. Par ailleurs, la notion de qualité véhiculée par la conduite de questionnaire en ligne est bénéfique pour l'image de l'entreprise.

De plus, Elgazala Technopark s'intéresse aussi depuis quelque temps de lancer un projet d'enquêtes en ligne visant à simplifier et à rendre plus compétitif le travail des entreprises du pôle afin de faciliter les échanges entre eux.

Ce chapitre a pour but de présenter la société d'accueil ainsi que d'exposer le cadre du projet. Le système d'enquêtes en ligne que nous développement durant ce projet devrait être à la fois complet et fiable et aussi un véritable outil d'aide à la décision pour l'entreprise. C'est en fonction de ces différents objectifs que nous avons réalisé notre cahier des charges (sous forme de spécifications fonctionnelles).

I. Présentation de la société

I.1. Présentation du Pôle

Elgazala Technopark est le premier technopôle en Tunisie. Sa création a été décidée dans le cadre de la stratégie de développement du secteur des technologies de la communication. Cet important projet destiné à doter la Tunisie d'une place d'excellence lui permettant de saisir les opportunités croissantes d'investissement et de création d'entreprises de développement des nouvelles technologies, Elgazala Technopark se positionne aujourd'hui comme un acteur majeur des Technologies de l'Information et de la Communication en Tunisie, en Afrique et partout dans le monde.

Elgazala Technopark, se présente comme un environnement intégré pour le développement des petites et moyennes entreprises ainsi que pour les multinationales et les grands groupes dans le secteur des Technologies de l'information et de la Communication. Sa principale vocation consiste à accueillir et à soutenir le développement d'activités de hautes technologies. Elgazala Technopark héberge également des institutions d'appui comme la formation et la recherche et ce dans un objectif de créer une synergie et une fertilisation croisée entre ces acteurs. Doté d'une infrastructure moderne et d'une info-structure adaptées au PME dans le domaine des TIC. Elgazala Technopark héberge aujourd'hui 90 entreprises dont 12 filiales des grands groupes mondiaux (Microsoft, ST Microélectronics, Ericsson, Alcatel Lucent ...).

Le tableau ci-dessous résume l'identification chiffrée de technopole :

Composantes	Identification
Population	Presque 4000 personnes
Nombre d'entreprises	90 entreprises
Nombre d'emplois	1750 emplois dont 98% sont des cadres supérieurs.
Nombre des multinationales	12 multinationales
Nombre d'unités de recherches	7 unités
Nombre de cellule de promotion des TIC et d'établissement de formation	1 cellule et 4 établissements de formation dont une école doctorale.
Pourcentage de participation dans la production destinée vers l'export.	Il s'agit d'un pourcentage de 75%

Tableau 1 : Elgazala Technopark en chiffre

I.2. Activités et services

Le pôle Elgazala est implanté sur un espace de 65 hectares pour assurer la faciliter les missions des entreprises qui le constituent ayant un ensemble d'objectifs parmi lesquelles nous pouvons citer :

- Développement de la combinaison entre l'industrie et l'enseignement supérieur en matière de gestion des TIC.
- Prestation des services de mise en place et de création des applications informatiques et des systèmes d'informations pour les entreprises.
- Assurer la recherche et le développement en matière d'exploitation des TIC.
- Organisation des manifestations concernant le domaine des TIC.
- Raffermir les liens entre l'université, les entreprises et le monde économique tunisien.
- Assurer les synergies, stimuler les compétences et générer l'innovation relativement aux TIC.
- Bâtir des projets stratégiques de recherche et de développement montage de projets collaboratifs.

I.2.1. Pépinière Elgazala

La Pépinière Elgazala est une structure d'appui, d'accueil et d'accompagnement aux jeunes diplômés porteurs de projets, leur permettant de réaliser leur projet rapidement, sûrement et avec la plus grande chance de réussite dans les domaines des TIC.

La Pépinière Elgazala axe son activité sur l'aide au lancement de nouvelles entreprises, elle accompagne, encadre et assiste les jeunes promoteurs à développer leurs projets dans le domaine des technologies et, particulièrement :

- Les technologies de l'information et des communications,
- Les logiciels d'application dans le secteur des communications.
- La conception et/ou développement de cartes électroniques et de circuits intégrés.
- Les services à valeurs ajoutées.

Les objectifs de la Pépinière Elgazala consistent à :

- Identifier des projets pour favoriser la création d'entreprises innovatrices,
- Favoriser l'émergence d'une nouvelle génération de créateurs,
- Contribuer à la consolidation du tissu industriel dans le secteur des TIC,
- Formation des entrepreneurs afin de transformer des techniciens porteurs de projet en chefs d'entreprises,
- Minimiser les facteurs d'échec de la création d'entreprises.

I.2.2. Les Cybers parcs régionaux

Le cyber parc est un espace équipé de réseaux modernes d'information et de communication. Les cybers parcs régionaux offrent des espaces fonctionnels avec des équipements et des réseaux de communications modernes et spécialisés pour accueillir les promoteurs qui désirent monter des projets de services basés sur les nouvelles technologies de l'Information et de la Communication.

L'objectif de cyber parc est d'offrir des espaces fonctionnels avec des équipements et des réseaux de communications modernes et spécialisés pour accueillir les promoteurs qui désirent monter des projets de services basées sur les nouvelles technologies de l'information et de la communication. Ces services sont orientés vers les organismes économiques et administratifs implantés dans la région ou dans d'autres endroits du pays ou à l'étranger sous forme de services à distance.

Les activités des cybers parcs se présentent comme suit:
- Développement des logiciels.
- Développement, maintenance et promotion des sites web.
- Services à distances liés aux technologies de la Communication.
- Les centres d'appel.

Les cybers parcs sont des espaces réservés à des activités en rapport avec les TIC dont les domaines d'activités sont :
- Centres d'appels.
- Développements des logiciels.
- Développements et mise à jour des sites web.
- Services à distance en relation avec le TIC.
- Hébergement pépinières d'entreprises.

La stratégie nationale consiste en la mise en place d'un cyber parc dans chaque région du pays.

II. Etude de l'existant

L'étude de l'existant est une phase indispensable dans l'étude de la faisabilité de l'application. Elle se réalise au niveau d'un domaine spécifique, comme le cas des enquêtes en lignes du pôle, sachant qu'elle permet de recueillir les différentes informations et les documents nécessaires au bon déroulement de la réalisation du projet.

II.1. Description de l'existant

Notre étude de l'existant, au niveau du El Gazala Technopark, nous a permis de définir que le déroulement des enquêtes est réalisé manuellement par le responsable, qui doit saisir, imprimer et distribuer le questionnaire ensuite se déroule la phase de la collecte des informations et la réalisation des statistiques d'où on résume le processus d'enquête dans la société comme suit:
- Le responsable de l'enquête utilise MS Word pour réaliser le formulaire de l'enquête et l'envoi par e-mail aux personnes concerné
- Les personnes qui reçoivent le formulaire, répondent aux questions et envoient leurs réponses au responsable de l'enquête.
- Le responsable collecte les formulaires remplis sous format papier ou par retour d'e-mail sur la messagerie électronique.

- La saisie de données collectées et les statistiques sont faites d'une façon manuelle.

II.2. Critique de l'existant

Les fonctions citées précédemment deviennent de plus en plus des tâches pénibles et lourdes et surtout qui prennent beaucoup de temps à être réalisées.

Le pôle est doté actuellement d'un ensemble de procédures manuelles (les questionnaires, les réponses, les statistiques, l'archivage...) permettent de gérer l'enregistrement et l'affectation du personnels, alors notre application vient pallier aux problèmes constatés au niveau du pôle tel que :

- La redondance des données.
- La difficulté de réaliser la recherche d'une information.
- La perte de temps pour communiquer l'information.
- Les données non récentes (pas de mise à jour).
- La perte de données.

II.3. Solution proposée

Pour remédier aux différents problèmes rencontrés par l'entreprise dans sa collecte et sa gestion d'information nous proposons la réalisation d'une application web « Enquête en ligne » (Figure 1). Cette application, va permettre au responsable de mieux gérer son système d'information, par l'implémentation d'une base de données accessible à distance à travers le réseau de l'entreprise. Elle va faciliter la création des enquêtes, la rédaction des questions avec tout ses types, faire les statistiques graphiquement et les envoyés aux différents personnels, etc. L'informatisation du système du pôle permet :

- Un accès rapide et facile aux informations.
- La cohérence entre les données.
- Le gain de temps.
- La réduction de l'effort fourni par le personnel.

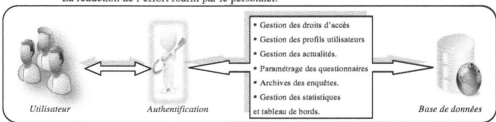

- Gestion des droits d'accès
- Gestion des profils utilisateurs
- Gestion des actualités.
- Paramétrage des questionnaires
- Archives des enquêtes.
- Gestion des statistiques et tableau de bords.

Utilisateur   *Authentification*   *Base de données*

Figure 1 : Architecture des « Enquêtes en ligne »

Conclusion

Avec cette partie introductive, nous avons essayé d'introduire la notion d'enquête en ligne ainsi que le cadre générale de notre travail en spécifiant ses différentes fonctionnalités et services. Nous avons ensuite effectué la phase d'analyse qui nous a permis de dégager la description de l'existant, de présenter notre application et ses intérêts. Comme nous avons fait un tour d'horizon sur les différents aspects de cahier des charges, ces informations nous aiderons à comprendre la phase de spécification des besoins fonctionnels et non fonctionnels de notre application qui fera l'objectif du troisième chapitre.

Après la présentation de notre application, nous passerons à la partie état de l'art qui fera l'objet du chapitre suivant.

Etat de l'art

2

Introduction

L'étape de l'état de l'art sert à chercher les outils les plus adaptables à la réalisation d'un tel projet suivant des différents points : architecture de projet, fonctionnalité, degré de sécurité, rapidité, portabilité, ... etc. En effet, dans ce chapitre, nous allons exposer les différents outils de développement utilisés dans notre application et l'intérêt des méthodes de conception à suivre. Puis, une comparaison est faite entre les méthodologies et les technologies pour justifier notre choix.

I. Les méthodes de conception

I.1. Présentation

I.1.1. La méthode de Merise

MERISE [1] est une méthode de conception, de développement et de réalisation de projets informatiques. Le but de cette méthode est d'arriver à concevoir un système d'information. La méthode MERISE est basée sur la séparation des données et des traitements à effectuer en plusieurs modèles conceptuels et physiques. La séparation des données et des traitements assure une longévité au modèle. En effet, l'agencement des données n'a pas à être souvent remanié, tandis que les traitements le sont plus fréquemment.

La méthode Merise propose une méthode de conception et de développement de Systèmes d'Information complète, détaillée, en grande partie formalisée, qui garantit une informatisation réussie. Elle prévoit une conception par niveaux, et définit pour cela 3 niveaux essentiels:

a. Le niveau conceptuel

Il décrit l'ensemble des données du système d'information, sans tenir compte de l'implémentation informatique de ces données. [2]

b. Le niveau logique

Il prend en considération l'implémentation du système d'information par un SGBD (Système de gestion de base de données). Ce niveau introduit la notion des tables logiques, et constitue donc le premier pas vers les tables des SGBD. [2]

c. Le niveau physique

Il contient finalement les tables définies à l'aide d'un SGBD spécifique. [2]

I.1.2. La méthode d'UML

UML [3] (Unified Modeling Language, que l'on peut traduire par "langage de modélisation unifié) est une notation permettant de modéliser un problème de façon standard. Ce langage est né de la fusion de plusieurs méthodes existant auparavant, et est devenu désormais la référence en terme de modélisation objet, à un tel point que sa connaissance est souvent nécessaire pour obtenir un poste de développeur objet.

En effet, UML est un moyen d'exprimer des modèles objet en faisant abstraction de leur implémentation, c'est-à-dire que le modèle fourni par UML est valable pour n'importe quel langage de programmation. UML est un langage qui s'appuie sur un méta modèle, un modèle de plus haut niveau qui définit les éléments d'UML et leur sémantique.

I.2. Choix et comparaison entre les deux méthodes

Merise est une méthode de conception, de développement et de réalisation de projets informatiques. Le but de cette méthode est d'arriver à concevoir un système d'information. La méthode MERISE est basée sur la séparation des données et des traitements à effectuer en plusieurs modèles conceptuels et physiques. Les raisons qui nous ont conduits à choisir la méthode UML sont les suivantes:

-   Elle permet d'identifier les fonctionnalités de l'application.
-   Elle permet la création de système d'information.

Elle facilite l'utilisation de programmation orientée objet indépendamment du langage utilisé.

II. Le langage de programmation

II.1. Présentation

Bien que les deux grands types de technologies permettant de construire des sites Internet dynamiques, la notion de dynamique diffère d'un cas à l'autre. Dans le premier cas, regroupant PHP, JSP, ASP et CGI, les sites sont dits dynamiques parce que les pages qui constituent ces sites sont crées au "vol" à partir des informations issues d'une base des données ou saisies par l'utilisateur. Une même page peut donc afficher des informations différentes d'un utilisateur à un autre ou d'un jour à un autre. C'est le serveur qui crée les pages. Dans le second cas, regroupant le java script, les applets java ou encore la technologie flash, les sites sont dits dynamiques car ce qui affiché est animé. C'est le client (le navigateur) qui gère l'animation.

La première question qui se pose pour savoir si nous allons utilisé un élément de la première famille ou de la seconde est la suivante:

Est-ce les modifications d'affichage que nous souhaitons voir apporter à la page doivent se gérer coté client ou coté serveur?

Si la réponse est "coté serveur" alors il faut utiliser PHP, JSP ou ASP. Si la réponse est "coté client" alors il faut utiliser JavaScript, les applets java ou flash. Le traitement et la génération de pages Web côté serveur offrent plusieurs avantages par rapport aux technologies cotées client, notamment :

- Diminution du trafic réseau en limitant les échanges client/serveur.
- Réduction du temps de téléchargement: le client ne reçoit que des pages HTML.
- Possibilité d'offrir au client des données non présentes chez celui-ci.
- Amélioration des mesures sécuritaires, puisque nous pouvons coder des informations qui ne sont jamais vues par le navigateur.

Cette comparaison nous a poussés à utiliser la technologie de programmation de coté du serveur pour la réalisation de notre projet. Il reste à savoir quel langage Web choisir et quels sont les outils appropriés à utiliser pour développer l'application à l'aide de ce langage.

II.1.1 Le langage PHP

Le langage PHP [4] possède les mêmes fonctionnalités que les autres langages permettant d'écrire des scripts CGI, comme collecter les données, générer dynamiquement des pages Web ou bien envoyer et recevoir des cookies. La plus grande qualité et le plus important avantage du langage PHP est le support d'un grand nombre de bases de données, ainsi que le fait qu'il fonctionne côté serveur ce qui permet à un poste client modeste de bénéficier des ressources performantes de ce dernier. EasyPHP installe et configure automatiquement un environnement de travail complet permettant de mettre en œuvre toute la puissance et la souplesse offerts par le langage dynamique PHP et son support efficace des bases de données. EasyPHP regroupe un serveur Apache, une base de données MySQL, un interpréteur du langage PHP, ainsi que des outils facilitant le développement de notre application.

II.1.2. Le langage ASP

ASP [5] (Active Server Page) est un environnement de script au niveau serveur Web. Le composant logiciel ASP est inclus avec le serveur Web correspondant. On l'utilise pour créer et exécuter des applications dynamiques.

Les Scripts ASP peuvent être écrits dans n'importe quel langage de script: VB script, JavaScript, Perl Script (pour vu que vous ayez le moteur de script adéquat: l'interpréteur de script) et ils sont exécutés au niveau du serveur Web, le navigateur du client (internaute) s'occupe de l'interprétation du code HTML de la page Web. On peut mélanger du code HTML classique et du code ASP au sein d'une même page (contrairement au CGI).

II.2 Comparaison entre les deux langages

PHP est un langage interprété (un langage de script) exécuté du côté serveur (comme les scripts CGI, ASP, ...) et non du côté client (un script écrit en Java script ou une applet Java s'exécute sur votre ordinateur...). La syntaxe du langage provient de celles du langage C, du Perl et de Java. Ses principaux atouts sont:

-   La gratuité et la disponibilité du code source
-   La simplicité d'écriture de scripts
-   La possibilité d'inclure le script PHP au sein d'une page HTML (contrairement aux scripts CGI, pour lesquels il faut écrire des lignes de code pour afficher chaque ligne en langage HTML).
-   La simplicité d'interfaçage avec des bases de données (de nombreux SGBD sont supportés, mais le plus utilisé avec ce langage est MySQL, un SGBD gratuit disponible sur les plateformes Unix, Linux, et Windows)).
-   L'intégration au sein de nombreux serveurs web (Apache, Microsoft IIS, ...).

III. Quelques définitions

III.1. Web Dynamique

Les pages web statiques [6], c'est-à-dire un simple fichier texte contenant du code HTML, sont pratiques pour créer un site contenant quelques dizaines de pages mais possèdent leurs limites :

-   Une maintenance difficile due à l'obligation de modifier manuellement chacune des pages
-   L'impossibilité de renvoyer une page personnalisée selon le visiteur ;
-   L'impossibilité de créer une page dynamiquement selon les entrées d'une base de données.

C'est pourquoi il nous a été nécessaire de mettre au point une solution permettant de générer des pages web du côté du serveur.

III.2. Ajax

Ajax [7] (Java script asynchrone et XML) est une nouvelle architecture formalisée qui propose une interface utilisateur dotée de la richesse des applications traditionnelles, s'exécutant dans n'importe quel navigateur web, sans qu'il soit nécessaire de l'installer ou de la mettre à jour.

Est une méthode de développement web basée sur l'utilisation d'un script Java Script pour effectuer des requêtes web à l'intérieur d'une page web sans recharger la page. AJAX rend plus interactifs les sites web et offre une meilleure ergonomie ainsi qu'une réactivité amélioré en permettant de modifier une partie de l'interface web seulement.

En effet, le modèle web traditionnel est basé sur une suite de requêtes et de réponses successives, c'est-à-dire une navigation séquentielle de page web en page web. AJAX permet de ne modifier que la partie de la page web qui nécessite d'être mise à jour en créant une requête HTTP locale et en modifiant tout ou partie de la page web en fonction de la requête HTTP récupérée.

C'est un concept qui réunit plusieurs technologies déjà existantes :

-   XHTML et CSS (Présentation).
-   DOM (Interaction et affichage dynamique).
-    XML (Echange de données).
-   Java Script (Liaison entre ces techniques)
-   XMLHttpRequest (Extraction asynchrone ou synchrone des données).

III.3. Base de données

Une base de données [8] est une entité dans laquelle il est possible de stocker des données de façon structurée et avec le moins de redondances possible. Ces données doivent pouvoir être utilisées par des programmes, par des utilisateurs différents.

Ainsi, la notion de base de données est généralement couplée à celle de réseau, afin de pouvoir mettre en commun ces informations, d'où le nom de base. On parle généralement de système d'information pour désigner toute la structure regroupant les moyens mis en place pour pouvoir partager des données.

III.4. SGBD

Afin de pouvoir contrôler les données ainsi que les utilisateurs, le besoin d'un système de gestion s'est vite fait ressentir. La gestion de la base de données se fait grâce à un système appelé SGBD.

Le SGBD [8] est un ensemble de services (applications logicielles) permettant de gérer les bases de données, c'est-à-dire:

- Permettre l'accès aux données de façon simple ;
- Autoriser un accès aux informations à de multiples utilisateurs ;
- Manipuler les données présentes dans la base de données (insertion, suppression, modification).

Conclusion

Dans ce chapitre, on a présenté et justifié les choix des technologies utilisées dans notre projet lors de la conception et la réalisation en mettant l'accent sur les différents avantages et inconvénients des méthodes existantes. On a procédé à la comparaison entre les différentes technologies similaires. Nous avons préféré d'utiliser PHP comme langage de programmation et MYSQL comme SGBD.

Dans le chapitre suivant, on présentera les différents besoins fonctionnels et non fonctionnels ainsi que les différents diagrammes de cas d'utilisation.

Spécification des besoins

CHAPITRE 3

Introduction

Ce chapitre représente une première étape pour le développement. Elle consiste à qualifier les besoins fonctionnels, à spécifier les fonctions que l'application doit réaliser afin de répondre aux besoins des utilisateurs, et citer les besoins non fonctionnels qui sont les critères de qualités à respecter par notre application.

I. Etude des besoins

I.1. Besoins fonctionnels

Les besoins fonctionnels expriment une action que doit effectuer le système en réponse à une demande d'où ils décrivent les différentes fonctionnalités du système. L'application doit permettre de :

- Créer des nouveaux questionnaires en ligne.
- Inscrire des nouveaux contacts.
- Collecter les réponses sur les questionnaires.
    - Le lien du questionnaire sera envoyé à une liste de contacts par e-mail.
- Afficher les résultats sur chaque enquête réalisée.
    - Statistiques.
- Gérer un rapport sur l'enquête.
- Archiver les enquêtes réalisées.
- Gérer les profils des utilisateurs.
- Gérer la page d'actualités.

Les utilisateurs de l'application sont :

- L'administrateur :
    - Gérer l'application
    - Gérer les droits d'accès
    - Créer le questionnaire
    - Paramétrage de l'envoie des questionnaires aux clients
    - Envoyer des actualités thématiques aux clients.
        - Une page pour rédiger un message d'actualité qui s'affiche dans la page d'accueil et s'envoie par mail aux concernés.
        - Existence d'une liste des actualités classées par date.

- Les clients (Personnel, entreprises, étudiants, etc.) :
    o S'inscrire à l'application.
    o Mettre à jours leur page profil.
    o Répondre aux questionnaires.
    o Recevoir des actualités.

I.2. Besoins non fonctionnels

Afin de réussir un projet informatique comme le site Web, il faut répondre à trois questions :

- Quelle est la nature de notre cible ?
- Quelles sont les spécificités du thème ?
- Quels sont nos besoins pour réaliser ce projet ?

Il est tout aussi important de ne pas perdre de vue ses besoins et principalement les besoins non fonctionnels qui ont pour objectif l'établissement d'un langage graphique, une ergonomie adaptée, un contenu, un choix technologique, et un plan de promotion. Pour réaliser notre site web dynamique, nous sommes appelés à respecter des contraintes sur deux niveaux :

- Le produit.
- Le processus.

I.2.1. Contraintes de réalisation sur le produit

a. Contraintes techniques

Vu que notre travail sera publié sur le réseau, les utilisateurs doivent être capables d'y accéder facilement. La présentation et la mise en page sont des facteurs importants pour la réalisation d'une interface. Afin de définir une mise en page identique pour tous les pages de notre application, nous utilisons les feuilles des styles CSS qui vont simplifier la tâche de mise à jour de l'interface.

b. Contraintes esthétiques

Lorsqu'on conçoit une interface graphique nous sommes guidés par un souci d'esthétique, d'adéquation aux besoins et d'ergonomie logicielle. Pour cela, il faut que notre démarche de création suive les règles ergonomiques suivantes :

- Les couleurs utilisées doivent être harmonieuses et doivent refléter l'intérêt de notre travail ceci doit être dégagé de l'étude de l'existant, de la nature et de thème de l'application web.
- Les images doivent être très spécifique et en rapport avec l'environnement du pôle.

c. Contraintes ergonomiques

Pour avoir une application jugée ergonomiquement, il faut qu'elle respecte certains principes et règles que notre application web doit les suives tel que :

- Développer une interface simple et compréhensible par l'utilisateur.
- Définir une hiérarchique logique des liens et des pages.

L'information doit être bien organisée et la navigation de l'usager doit se faire à un ordre bien déterminé :

- Confort visuel et lisibilité des caractères.
- Utilisation des boutons pour la navigation.

d. Efficacité et fiabilité

Notre application web ne doit pas être lourde de point de vue taille. L'interrogation de la base de données doit être aussi rapide et efficace, et les requêtes SQL doivent être aussi complètes et optimisées. L'utilisateur doit faire ses tâches avec le moindre nombre de cliques possibles.

I.2.2. Contraintes de réalisation du processus

Au niveau du processus de réalisation de notre site, nous utilisons le model EN SPIRAL. C'est un modèle de conception qui consiste à effectuer plusieurs prototypes. Le passage d'un prototype à un autre il y a une vérification et amélioration dans les différentes phases du projet.

II. Les diagrammes de cas d'utilisation

Les diagrammes de cas d'utilisation [9] sont des diagrammes UML utilisés pour donner une vision globale du comportement fonctionnel d'un système logiciel. Ils sont utiles pour des présentations auprès de la direction ou des acteurs d'un projet, mais pour le développement, les cas d'utilisation sont plus appropriés. Un cas d'utilisation représente une unité discrète d'interaction entre un utilisateur (humain ou machine) et un système. Il est une unité significative de travail. Dans un diagramme de cas d'utilisation, les utilisateurs sont appelés acteurs (actors), ils interagissent avec les cas d'utilisation (use cases).

II.1. Présentation des acteurs

Un acteur est un rôle joué par des entités externes qui interagissent directement avec le système étudié. L'identification des acteurs se fait en cherchant :

- Les utilisateurs qui fournissent, utilisent ou retirent des informations du système.
- Les utilisateurs qui sont intéressés par un besoin donné.

- Les utilisateurs qui maintiennent le système.
- Les ressources externes du système.
- Les autres systèmes qui devront interagir avec le système.

En examinant les spécifications fonctionnelles, nous avons identifié plusieurs utilisateurs de différents profils qui vont utiliser l'application soit pour l'administration (acteur interne), soit pour profiter de ses services (acteur externe).

II.1.1. Acteurs internes

- <u>L'administrateur</u> : qui a tous les privilèges de l'application mais a pour mission première de gérer les profils des utilisateurs ainsi que les droits d'accès des utilisateurs.

- <u>L'utilisateur</u> : en possédant plusieurs privilèges de l'application, l'utilisateur peut:
  - o Créer et diffuser les questionnaires.
  - o Gérer les actualités.
  - o Gérer les droits d'accès des utilisateurs.
  - o Gérer les statistiques.

II.1.2. Acteurs externes

L'acteur externe de notre application c'est le client, c'est à dire, les personnels, stagiaires, employés du technopôle qui assiste à la réunion réalisée par le responsable. Afin d'accéder à l'application et répondre aux questionnaires, le client doit s'inscrire, en premier lieu, ensuite à chaque accès il suffit de s'authentifier.

Le client peut gérer et mettre à jour le profil ainsi que s'abonner aux différents actualités

II.2. Description des cas d'utilisation

Un cas d'utilisation modélise un service rendu par le système. Il exprime les interactions acteurs/système et apporte une valeur ajoutée notable aux acteurs.

Il représente une séquence d'actions réalisées par le système. L'identification des cas d'utilisation se fait en cherchent :

- Les tâches que l'acteur veut que le système exécute.
- Les tâches de création, sauvegarde, modification, suppression ou consultation des données dans le système par l'acteur.
- Les tâches que l'acteur fera pour informer le système des changements soudains ou externes.
- Les informations que l'acteur doit connaître sur certains événements du système.

L'ensemble des fonctionnalités du futur système est déterminé en examinant les besoins fonctionnels de chaque acteur, exprimés sous forme de familles d'interactions dans les cas d'utilisations.

Dans ce qui suit nous présentons les cas d'utilisation pour chaque acteur défini précédemment.

II.2.1. Diagramme de cas d'utilisation d'authentification

Chaque utilisateur (Administrateur, Utilisateur et Client) doit être authentifié avant l'accès à la base de données par un login et un mot de passe propre.

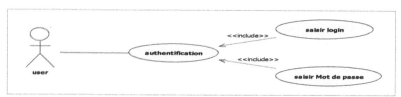

Figure 2 : Diagramme de cas d'utilisation « Authentification »

II.2.2. Diagramme de cas d'utilisation Client

Le client est un utilisateur de notre application, il ne peut y accéder seulement après avoir fait une inscription. Le client peut effectuer les différentes opérations suivantes :

- Gérer le profil : Création du profil personnel lors de l'inscription.
- Répondre aux questions : Après avoir assisté à la réunion organisée dans le pôle, chaque client réservera un questionnaire.
- Mise à jour du profil : Chaque client a le droit de modifier les informations personnel entrées lors de l'inscription.
- S'abonner aux actualités : Toutes les actualités seront diffusées dans la page d'accueil et chaque client a le droit de s'y abonner.

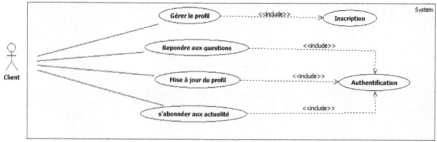

Figure 3 : Diagramme de cas d'utilisation « Client »

II.2.3. Diagramme de cas d'utilisation Utilisateur

L'utilisateur est un acteur principal, il peut réaliser des tâches administratives.

-   Créer les questionnaires.
-   Gérer les actualités.
-   Diffuser et communiquer les questionnaires.
-   Gérer les statistiques, tableaux de bord.

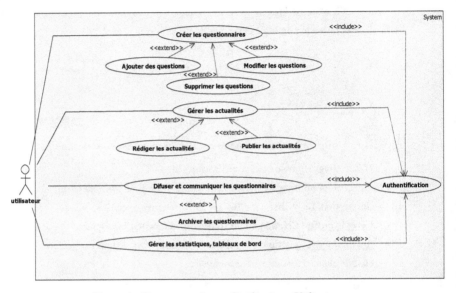

Figure 4 : Diagramme de cas d'utilisation «Utilisateur»

a. Diagramme de cas d'utilisation Créer les des questionnaires

L'utilisateur a le droit de créer les différents questionnaires qui sont réalisés après chaque réunion dans le pôle. Dans la gestion de création des questionnaires on peut ajouter, modifier et supprimer les différents types de question existant dans la base de données.

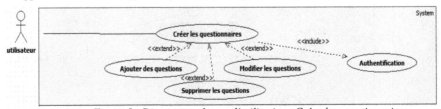

Figure 5 : Diagramme de cas d'utilisation «Créer les questionnaires»

b. Diagramme de cas d'utilisation Gérer les actualités

Pour gérer les actualités, l'utilisateur peut effectuer :

- La rédaction des actualités : l'utilisateur a comme rôle de rédiger les différentes actualités existantes dans le pôle, concernons les réunions qui seront réaliser pour une date précise, et des notifications sur les différents questionnaires envoyer aux clients

- La publication des actualités : après avoir rédigé les différentes actualités, l'utilisateur peut les publier dans la page d'accueil de l'application.

- L'envoie des actualités : après la rédaction des actualités, l'utilisateur peut les envoyés pas mail si ces actualités sont privés pour certain client.

Figure 6 : Cas d'utilisation «Gérer les actualités»

c. Diagramme de cas d'utilisation Diffuser et communiquer les questionnaires

L'utilisateur à comme rôle de diffuser et communiquer les questionnaires réalisés aux différents clients qui ont assisté à la réunion concernée. Chaque questionnaire qui est déjà remplis, doit être archivé dans la base de données.

Figure 7 : Diagramme de cas d'utilisation «Diffuser et communiquer les questionnaires»

d. Diagramme de cas d'utilisation Gérer les statistiques, tableaux de bord

Après que le client reçoit le questionnaire, il répond aux différentes questions, ensuite, il renvoie les réponses à l'utilisateur qui aura comme rôle de réaliser les statistiques. A la fin ces résultats seront archivés par thème et année pour représenter un tableaux de bord.

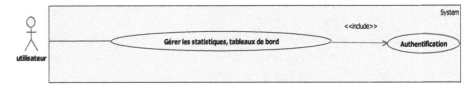

Figure 8 : Diagramme de cas d'utilisation «Gérer les statistiques, tableaux de bord»

II.2.4. Diagramme de cas d'utilisation Administrateur

L'administrateur est l'acteur principal de l'application, d'où il peut :

- Gérer les profils des utilisateurs, en créant et supprimant des profils.
- Gérer les droits d'accès des utilisateurs et les classés en groupe.

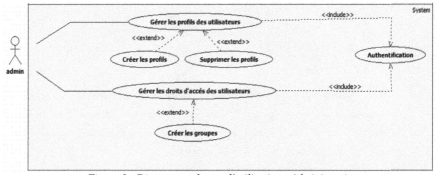

Figure 9 : Diagramme de cas d'utilisation «Administration»

a. Diagramme de cas d'utilisation Gérer les profils des utilisateurs

L'administrateur peut gérer les profils des utilisateurs et non pas des clients car les utilisateurs ne fait pas l'inscription à partir de l'application mais, ils seront ajoutés à partir de la base de données. D'où l'administrateur peut créer et de supprimer leurs profils.

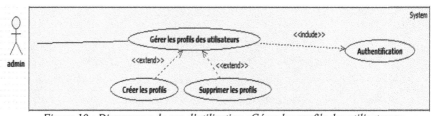

Figure 10 : Diagramme de cas d'utilisation «Gérer les profils des utilisateurs»

25

b. Diagramme de cas d'utilisation Gérer les droits d'accès des utilisateurs

Lors de l'ajout des utilisateurs et l'inscription des clients, l'administrateur a le droit de créer des groupes a partir de la base de données. Dans notre application il existe trois types de groupe :

- Administrateur : il peut être un ou plusieurs administrateurs qui gèrent l'application.
- Utilisateur : qui regroupe les utilisateurs internes appartenant au service administrative mais avec un accès limité.
- Client : représente les utilisateurs externes.

Un administrateur peut attribuer le différent droit d'accès des pages au groupe des utilisateurs. Le groupe client ne possède aucun droit car il ne gère pas l'application.

Les droits d'accès sont :

- Consultation des données dans les différentes pages.
- Insertion des données dans la base de données qui seront affichées dans les pages.
- Modification des données de la base de données qui seront modifiées dans les pages.

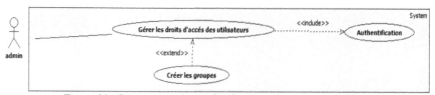

Figure 11 : Diagramme de cas d'utilisation «Gérer les droit d'accès»

II.2.5 Diagramme de cas d'utilisation générale

Le diagramme de cas d'utilisation générale de compose de trois acteurs :

- Client
- Utilisateur
- Administrateur

Chacun de ses acteurs à un rôle spécifié mais chaque acteur hérite d'un autre acteur suivant le flèche représenter dans le diagramme d'où :

- L'utilisateur peut également effectuer les tâches des clients car il peut assister à des réunions et y répondre aux questionnaires, avoir un profil personnel et avoir des actualités.
- L'administrateur a le droit d'effectuer tout les tâches des utilisateurs et des clients.

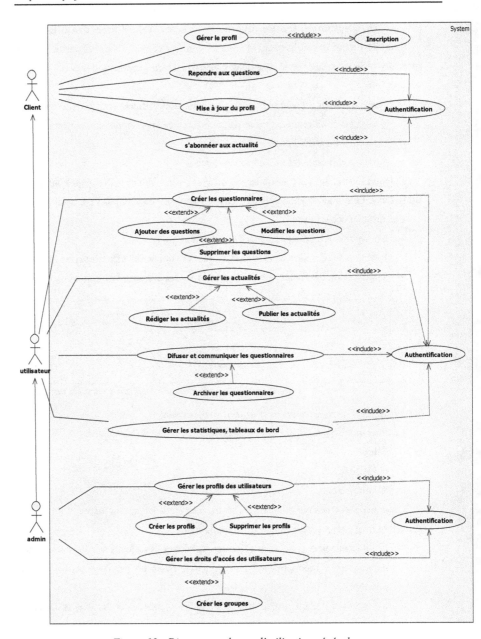

Figure 12 : Diagramme de cas d'utilisation générale

Conclusion

Dans ce chapitre nous avons essayé de décrire les principales fonctionnalités du système en commençant par l'étude des besoins en passant par les besoins fonctionnelles et non fonctionnelles du projet ensuite nous avons fait la description des différents acteurs et les diagrammes de cas d'utilisation . Cette étude nous a permis de fixer le «Quoi ?» et le « Qui ? » du système avant d'étudier le « Comment ? » et la manière de le développer.

Dans le chapitre suivant, nous allons présenter une conception détaillée de notre solution suivant la méthode UML ainsi que l'architecture de la base de données.

Conception

CHAPITRE 4

Introduction

Pour faire face aux nouveaux enjeux, l'entreprise doit collecter, traiter, analyser les informations de son environnement pour anticiper. Mais cette information produite par l'entreprise est surabondante, non organisée et éparpillée dans de multiples systèmes opérationnels hétérogènes. Il devient fondamental de rassembler et d'homogénéiser les données afin de permettre l'analyse des indicateurs pertinents pour faciliter la prise de décisions.

Les données du pôle doivent être dégagées avec précision selon les besoins à traiter, afin que la réalisation de l'application devienne plus faisable. Nous allons, dans ce but, passer par l'étape de la conception qui permet de mettre en convergence les deux aspects qui sont l'analyse de la spécification et la réalisation.

L'objectif de ce chapitre est la conception d'une base de données en intégrant une architecture qui serve de fondation à notre système d'information décisionnel pour aboutir à des présentations permettant de faciliter l'évaluation et le suivi des résultats des enquêtes en ligne afin d'adopter des solutions appropriés aux situations rencontrées par les enquêteurs.

Nous essayons d'affiner la conception qui doit prendre en compte les besoins de l'utilisateur, les fonctionnalités à accomplir par le système, et les descriptions conceptuelles et organisationnelles des traitements.

I. Méthodologie de conception

Etant donné la complexité du projet et les délais de réalisation réduits, nous avons choisi d'utiliser UML comme langage et le processus unifié comme processus de développement mais une seule itération de ce processus nous semble suffisante.

I.1. Présentation d'UML

UML [24] est un formalisme semi-formel. Il se base sur un ensemble de diagrammes (neuf principalement) permettant de voir le système sous différents angles et de bien exprimer ou capturer les besoins à travers une représentation de l'interaction entre l'utilisateur et le système. Nous décrivons dans la suite la sémantique de diagramme de classe et de séquence. Ce sont les diagrammes les plus importants pour notre conception, une documentation riche pour tous les diagrammes est disponible grâce à la bibliographie.

I.2. Processus Unifié

Processus unifié [10] (PU ou UP en anglais pour Unified Process) est une méthode de prise en charge du cycle de vie d'un logiciel et donc du développement, pour les logiciels orientés objets.

C'est une méthode générique, itérative et incrémentale, contrairement à la méthode séquentielle Merise. Elle dispose des caractéristiques suivantes:

- Limiter les risques de retard.
- Accélérer le rythme de développement grâce à des objectifs clairs et à court terme.
- Prendre en compte que les besoins des utilisateurs ne peut être intégralement connus à l'avance et se dégagent peu à peu des itérations successives.
- Le processus unifié est basé sur les cas d'utilisation : il importe de bien comprendre les besoins des futurs utilisateurs afin de réussir la mise au point du système.

II. Le stockage des données

Les données correspondant aux enquêtes sont saisies par le responsable puis ils seront stockés dans la base de données. Deux possibilités se présentent alors, nous pouvons soit sauvegarder ces données dans des fichiers, ou dans une base de données. Nous utiliserons la deuxième solution qui, au contraire des fichiers, assure une préservation sécurisée de l'information. C'est pourquoi nous avons optés pour l'utilisation d'une base de données formée par un ensemble de tables où seront sauvegardées les données. Le dictionnaire de données est généré à partir de la vue statique de notre système d'information modéliser par le diagramme de classe.

II.1. Présentation du dictionnaire de données

Le dictionnaire de données [11] est une mise en forme cohérente de l'ensemble des données de l'organisation dans le ou les domaines de gestion étudiés. C'est la liste précise de chacune des données manipulées, représentée par une mnémonique (un identificateur).

Le principe d'attribution de mnémonique est établit autant pour faciliter l'ensemble de la démarche que pour des raisons purement informatiques, à savoir la limitation du nombre des caractères des noms de variables dans un programme ou une base de données.

L'explication liée à la donnée ne sert pas uniquement à définir la mnémonique, mais aussi à préciser le cadre de validation de cette donnée, entre autre les caractéristiques de l'ensemble des valeurs qu'elle peut prendre dans le domaine de gestion étudié.

II.2. Dictionnaire de données

Dans ce qui suit nous présentons le dictionnaire des données qui représente l'ensemble des données à sauvegarder. Les attributs seront placer sur un modèle de données d'où il existe des champs de type numériques, chaine de caractère, date…

Champ	Signification	Type
selection	Selection dans la page	Int
suppression	Suppression dans la page	Int
insertion	Insertion dans la page	Int
modification	Modification dans la page	Int
id_groupe	L'identificateur du groupe	Int
nom_g	Le nom du groupe	Varchar
type_g	Le type du groupe	Varchar
id_choix_c	L'identificateur du choix critère	Int
nom	Le nom du choix critère	Varchar
id_page	L'identificateur de la page	Int
nom_page	Le nom de la page	Varchar
id_question	L'identificateur de la question	Int
nom_qestion	Le nom de la question	Varchar
description	La description de la question	Varchar
id_q	L'identificateur du questionnaire	Int
nom	Le nom du questionnaire	Varchar
description	La description du questionnaire	Varchar
date	La date du questionnaire	Date
reponse	La réponse de chaque question	Int
id_type_q	L'identificateur du type de la question	Int
libelle	Le libellé du type de la question	Varchar
type	Le type de la question	Varchar
id_utilisateur	L'identificateur du l'utilisateur	Int
nom	Le nom du l'utilisateur	Varchar
prenom	Le prénom de l'utilisateur	Varchar
date_n	La date de naissance de l'utilisateur	Varchar
tel	Le téléphone de l'utilisateur	Int
fonction	La fonction de l'utilisateur	Varchar
e_mail	L'email de l'utilisateur	Varchar
pwd	Le mot de passe de l'utilisateur	Varchar
confirme_pwd	La confirmation du mot de passe	Varchar

Tableau 2 : Dictionnaire des données

III. Le Diagramme de classe

Le diagramme de classes [12] exprime la structure statique du système en termes de classes et de relations entre ces classes. L'intérêt du diagramme de classe est de modéliser les entités du système d'information. Il permet de représenter l'ensemble des informations finalisées qui sont gérées par le domaine. Ces informations sont structurées, c'est-à-dire qu'elles sont regroupées dans des classes.

III.1. Les composantes du diagramme de classe

Le diagramme met en évidence d'éventuelles relations entre plusieurs classes, il regroupe les trois notions classe, attribut et opération décrient ci-dessous [12] :

- La notion de classe : Une classe est une description abstraite (condensée) d'un ensemble d'objets du domaine de l'application: elle définit leur structure, leur comportement et leurs relations.
- La notion d'attribut : Une classe correspond à un concept global d'information et se compose d'un ensemble d'informations élémentaires, appelées attributs de classe. Un attribut représente la modélisation d'une information élémentaire représentée par son nom et son format.
- La notion d'opération : L'opération représente un élément de comportement des objets, défini de manière globale dans la classe. Une opération est une fonctionnalité assurée par une classe. La description des opérations peut préciser les paramètres d'entrée et de sortie ainsi que les actions élémentaires à exécuter.

III.2. Description des classes

Notre diagramme de classe comporte neufs classes, nous procédons donc à l'analyse de ces classes :

- La classe « *utilisateur* » : elle comporte des attributs qui représente l'utilisateur lors de son inscription ou à chaque connexion à l'application.
- La classe « *groupe* » : elle représente les attributs des types de groupe existant dans notre application. Les groupes existant sont Administrateur, Utilisateur et Client.
- La classe « *page* » : c'est une classe qui représente les différents pages de l'application (Accueil, Gestion des groupes, Création des enquêtes, Analyse et tableau de bords, Archivage et Profils).

- La classe « *droit_acces* » : elle a comme rôle de définir les différents doits d'accès des pages avec les groupes. Les droits d'accès sont : Consultation, Insertion, Modification et Suppression.
- La classe « *question* » : c'est une classe qui regroupe les différents attributs des questions du questionnaire.
- La classe « *type_question* » : c'est une classe qui regroupe les types de questions existantes dans la base (Texte, Texte de paragraphe, Choix multiple, Case à cocher et Liste de sélection).
- La classe « *repondre* » : cette classe contient les différentes réponses aux questionnaires des clients, avec lesquelles seront utilisés pour la réalisation des analyses.
- La classe « *choix_critère* » : c'est une classe qui contient les différents attributs si les questions de type choix multiple, case à coché ou liste de sélection sont choisie.
- La classe « *questionnaire* » : c'est la plus importante dans notre application d'où elle comporte les différents types de questions.

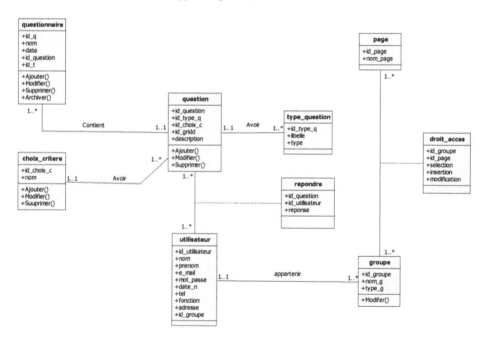

Figure 13 : Diagramme de classe

Lorsque l'utilisateur fait l'inscription à l'application, il sera attribué par défaut au groupe client, l'administrateur peut changer les différents utilisateurs aux différents type de groupe existant aussi il peut donne les droit d'accès aux groupes par chaque page.

Chaque questionnaire contient un ou plusieurs questions et selon le type de question : Texte, Texte Paragraphe, Choix multiple, Liste déroulante, Case à cocher.

Pour chaque type de question : Choix multiple, Liste déroulante, Case à cocher peut avoir plusieurs choix critère.

Le questionnaire envoyé aux différents clients peut y rependre.

IV. Le Diagramme de séquence

Le diagramme de séquence [25] permet de représenter les vues dynamiques du système. En effet, il montre les collaborations entre les objets selon un point de vue temporel en mettant l'accent sur la chronologie des envois de messages.

Afin de détailler certaines activités importantes rencontrées dans les diagrammes des cas d'utilisation dans le chapitre précédent et de donner une idée sur le fonctionnement de système, nous présentons dans cette partie quelques diagrammes de séquence.

IV.1. Diagramme de séquence « Inscription »

Pour faire l'inscription, le client doit saisir les informations nécessaires pour créer son propre compte utilisateur. Après vérification, si les données sont valident un message de validation est affiché sinon il y aura affichage d'un message d'erreur.

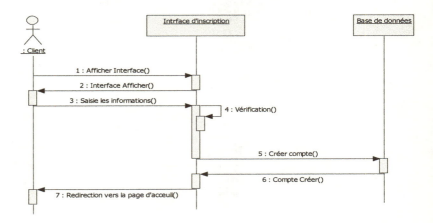

Figure 14 : Diagramme de séquence « Inscription »

IV.2. Diagramme de séquence « Connexion »

Chaque utilisateur doit faire une authentification avant d'y accéder à l'application, d'où il est amené à saisir son adresse email et son mot de passe. Si les informations sont correctes l'utilisateur est dirigé vers la page d'accueil su système, sinon il restera sur la même page de connexion.

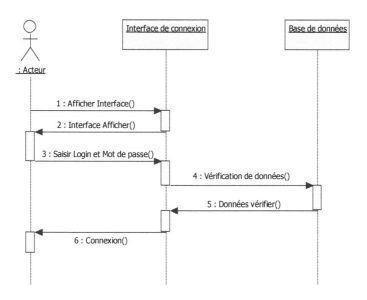

Figure 15 : Diagramme de séquence « Connexion »

IV.3. Diagramme de séquence « Création des enquêtes »

Lors de la création des enquêtes, l'utilisateur doit choisir le type de questions qu'il va utiliser où il faut remplir les champs correspondant, et à cet instant les questions seront enregistrées dans la base des données. Après la saisie des différentes questions l'utilisateur valide le questionnaire, l'enregistre dans la base et il sera afficher pour que l'utilisateur peut l'envoyer aux clients qui seront sélectionnés avec une rédaction d'un message.

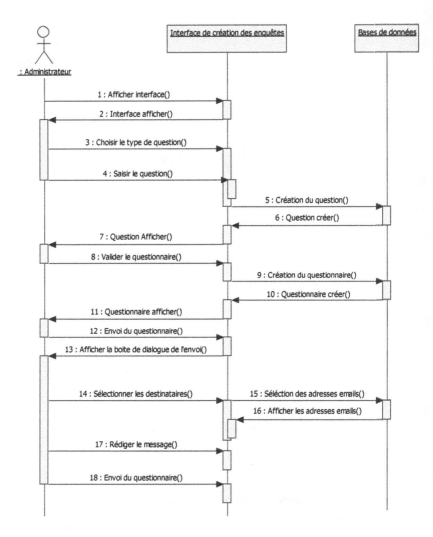

Figure 16 : Diagramme de séquence « Création des enquêtes »

IV.4. Diagramme de séquence « Gestion des droits d'accès »

L'administrateur peut donner les droits d'accès aux différents groupes par pages de l'application aussi il peut changer les différents utilisateurs d'un groupe à un autres.

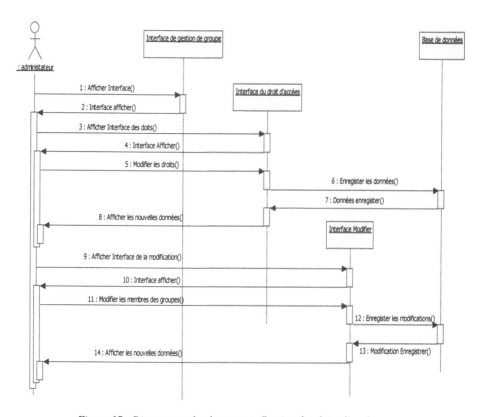

Figure 17 : Diagramme de séquence « Gestion des doits d'accès »

V. Diagramme d'activité

Le diagramme d'activité [13] représente la dynamique du système. Il montre l'enchaînement des activités d'un système ou même d'une opération. Il représente le flot de contrôle qui retrace le fil d'exécution et qui transite d'une activité à l'autre dans le système.

Ce sont des diagrammes d'états transitions particuliers utilisés de façon duale par rapport aux diagrammes d'états transitions. En effet les diagrammes d'états transitions sont centrés sur les états, ils sont avant tout centrés sur les activités qui modifient l'état d'un système. Le diagramme entier est rattaché à une classe, à l'implémentation d'une opération ou d'un cas d'utilisation.

V.1. Diagramme d'activité « Création des enquêtes »

Quant le test d'authentification est réalisé, si elle est valide, direction vers la page d'accueil sinon redirection vers la page connexion. Lors de la connexion l'onglet « Création des enquêtes » permet d'ajouter les questions du questionnaire, dans ce cas l'utilisateur peut saisir les différentes questions. L'icône « dupliquer » permet d'enregistrer les questions dans la base, lorsque l'utilisateur termine le traitement il doit cliquer sur le bouton « valider » pour enregistrer tout le questionnaire dans la base.

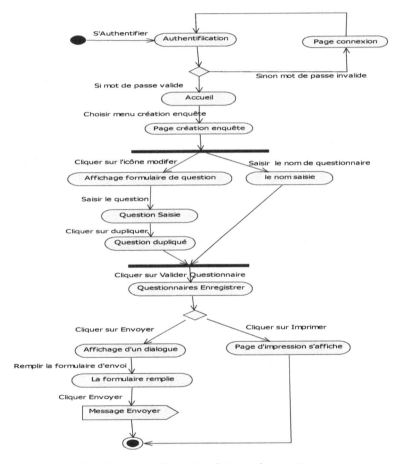

Figure 18 : Diagramme d'activité « Création des enquêtes »

V.2. Diagramme d'activité « Archivage »

Quant le test d'authentification est réalisé, si elle est valide, direction vers la page d'accueil sinon redirection vers la page connexion. Lors de la connexion l'onglet « Archivage » permet d'archiver les questionnaires, dans ce cas l'utilisateur peut sélectionner les différents questionnaires à archiver.

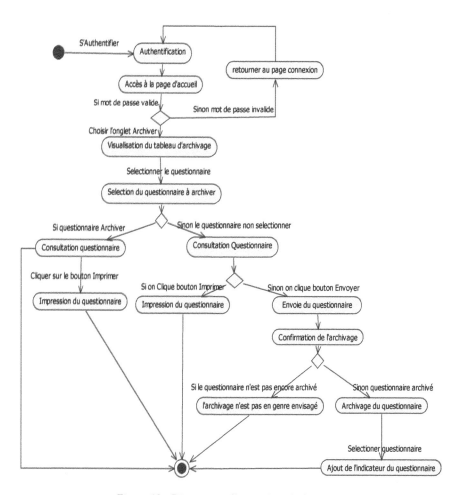

Figure 19 : Diagramme d'activités « Archivage »

Conclusion

Dans ce chapitre qui présente une phase primordiale pour pouvoir atteindre la phase d'implémentation. Nous avons définis les différentes composantes du système et les relations entre eux, de plus nous avons conçu la base de données contenant les différentes tables nécessaires pour sauvegarder les données. Cette phase va nous aider à former une opinion rationnelle et justifiable de la finalité globale et de la faisabilité de notre nouveau système.

A présent, la partie réalisation peut être entamée dans le chapitre suivant pour décrire l'implémentation de l'application.

Réalisation

CHAPITRE 5

Introduction

Bien qu'on est arrivé au bout de notre objectif qui consiste au développement d'un site web, on présentera l'environnement matériel et logiciel du travail, ainsi que quelques écrans de l'application.

I. Environnement du développement

I.1. Environnement matériel

Première Station de travail	Deuxième Station de travail
Marque : Acer	Marque : Acer
Processeur : Intel® Core ™ Duo CPU	Processeur : Intel® Core ™ i3-2330M CPU
Mémoire (RAM) : 3.00 GO	Mémoire (RAM) : 4.00 GO
Système d'exploitation : Microsoft Windows Seven	Système d'exploitation : Microsoft Windows Seven

Tableau 3 : Environnement matériel

I.2. Environnement logiciel

I.2.1. Choix technologiques

- HTML [14] : (HyperText Markup Langage) : Langage permettant de créer des pages Web, il utilise une structure formé avec des balises permettant la mise en forme du texte. Nécessite un navigateur web pour la visualisation.

- CSS [15] : Les feuilles de styles (en anglais "Cascading Style Sheets", abrégé CSS) sont un langage qui permet de gérer la présentation d'une page Web. Le langage CSS est une recommandation du World Wide Web Consortium (W3C), au même titre que HTML ou XML. Les styles permettent de définir des règles appliquées à un ou plusieurs documents HTML. Ces règles portent sur le positionnement des éléments, l'alignement, les polices de caractères, les couleurs, les marges et espacements, les bordures, les images de fond, etc. Le but de CSS est séparer la structure d'un document HTML et sa présentation. En effet, avec HTML, on peut définir à la fois la structure (le contenu et la hiérarchie entre les différentes parties d'un document) et la présentation. Mais cela pose quelques problèmes. Avec le couple HTML/CSS, on peut créer des pages web où la structure du document se trouve dans le fichier HTML tandis que la présentation se situe dans un fichier CSS.

- JavaScript [16] : est un langage de programmation de scripts principalement utilisé pour les pages web interactives. C'est une extension du langage HTML qui est incluse dans le code. Ce langage est un langage de programmation qui permet d'apporter des améliorations au langage HTML en permettant d'exécuter des commandes. Ce code est directement écrit dans la page HTML, c'est un langage peu évolué qui ne permet aucune confidentialité au niveau des codes (ceux-ci sont effectivement visibles).

- PHP [17] : (HyperText Preprocessor) est un langage de scripts principalement utilisé pour produire des pages HTML dynamiques via un serveur HTTP, mais pouvant également fonctionner comme n'importe quel langage de façon locale, en exécutant les programmes en ligne de commande. PHP est un langage disposant depuis la version 5 de fonctionnalités de modèle objet complètes. En raison de la richesse de sa bibliothèque, on désigne parfois PHP comme une plate-forme plus qu'un simple langage. Le site Internet de l'association se devant d'être un site dynamique et interactif, la création de pages HTML « à la volée » est alors indispensable, ce qui m'a logiquement amené à choisir PHP pour développer le site Web.

- Ajax [18]: AJAX est l'acronyme d'Asynchronous JavaScript And XML, autrement dit JavaScript Et XML Asynchrones. AJAX n'est ni une technologie ni un langage de programmation ; AJAX est un concept de programmation Web reposant sur plusieurs technologies comme le JavaScript et le XML d'où le nom AJAX. L'idée même d'AJAX est de faire communiquer une page Web avec un serveur Web sans occasionner le rechargement de la page. C'est la raison pour laquelle JavaScript est utilisé, car c'est lui qui va se charger d'établir la connexion entre la page Web et le serveur.

- SQL [19] : Structured Query Language est un langage informatique normalisé servant à effectuer des opérations sur des bases de données. La partie langage de manipulation de données de SQL permet de rechercher, d'ajouter, de modifier ou de supprimer des données dans les bases de données.

I.2.2. Logiciel utilisé

- Dreamweaver [20] : Macromedia Dreamweaver 2008 est un éditeur HTML professionnel destiné à la conception, au codage et au développement de sites, de pages et d'application Web. Quel que soit l'environnement de travail utilisé (codage manuel HTML ou environnement d'édition visuel), Dreamweaver propose des outils aideront à crée des applications Web. Les fonctions d'édition visuelles de Dream Weaver vous permettent de crée rapidement des pages sans rédiger une seule ligne de code. Vous pouvez afficher tous les éléments ou actifs de votre site et les faire glisser directement d'un panneau convivial dans un document. Rationalisez les tâches de développement en créant et en modifiant des images dans Macromedia Fire Works ou toute autre application graphique, puis en les important directement dans Dream Weaver, ou en ajoutant des objets Flash Macromedia. Dream Weaver propose également un environnement de codage complet comprenant des outils de modification du code ainsi que des documents de référence sur le langage HTML, les feuilles de style en cascade (CSS-Cascading Style Sheets), JavaScript, Cold Fusion Markup Language (CFML), Microsoft Active server Pages (ASP) et Java Server (JSP). La technologie Round trip HTML de Macromedia permet d'importer des documents HTML codés manuellement sans modifier le code pour que vous puissiez ensuite reformater ce dernier avec le style de formatage de votre choix. Dream Weaver permet également de crée des applications Web reposant sur des bases de données dynamique au moyen de technologies serveur comme CFML, ASP.NET, ASP, JSP et PHP. Dream Weaver est entièrement personnalisable. Vous pouvez crée vos propres objets et commandes, modifier les raccourcis clavier ou encore rédiger un code Java Script pour intégrer de nouveaux comportements, inspecteurs de propriétés et rapports de site aux fonctionnalités de Dream Weaver.

- Wamp Server [21] (anciennement WAMP5) est une plateforme de développement Web de type WAMP, permettant de faire fonctionner localement (sans se connecter à un serveur externe) des scripts PHP. Wamp Server n'est pas en soi un logiciel, mais un environnement comprenant deux serveurs (Apache et MySQL), un interpréteur de script (PHP), ainsi que phpMyAdmin pour l'administration Web des bases MySQL. Il dispose d'une interface d'administration permettant de gérer et d'administrer ses serveurs au travers d'un tray icon (icône près de l'horloge de Windows). La grande nouveauté de Wamp Server 2 réside dans la possibilité d'y installer et d'utiliser n'importe quelle version de PHP, Apache ou MySQL en un clic. Ainsi, chaque développeur peut reproduire fidèlement son serveur de production sur sa machine locale.

- StarUML [22] : est un logiciel de modélisation UML, cédé comme open source par son éditeur, il gère la plupart des diagrammes spécifiés dans la norme UML 2.0 et il permet de modéliser les traitements informatiques à leurs bases de données associés.

II. Méthodologie adapté:

L'application "Enquête en ligne" se considère comme une application Web à architecture multi niveaux. Cette architecture représente les avantages suivants :

- Client léger : Aucune exigence n'est demandée sur le poste client. Le client se connecte à l'application à travers un simple navigateur.
- Administration facile : l'application est hébergée sur un seul serveur.
- Maintenance facile : séparation entre la couche présentation et la couche métier.

Les besoins actuels concernant le développement d'un système d'enquête en ligne sont relativement vastes, toutefois la réalisation totale semble relativement longue et difficile à réaliser d'un seul coup. Pour cette raison, nous avons choisi d'adopter une architecture multi niveaux plus précisément l'architecture MVC.

La méthodologie de développement MVC [23] d'une application WEB est la méthodologie adaptée pour notre projet. Le modèle MVC (Modèle-Vue-Contrôleur) cherche à séparer nettement les couches présentation, traitement et accès aux données. Une application web respectant ce modèle sera architecturée de la façon suivante :

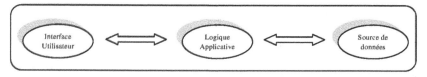

Figure 20 : Architecture MVC dans les applications web

- Le Modèle contient les données manipulées par l'application. Il correspond en général à une base de données.
- La Vue correspond à l'interface utilisateur (affichage des données du modèle et saisie des données par l'utilisateur).
- Le Contrôleur reçoit les événements de l'utilisateur et enclenche les actions à effectuer.

L'interface utilisateur est souvent un navigateur web mais cela pourrait être également une application autonome qui via le réseau enverrait des requêtes HTTP au service web et mettrait en forme les résultats que celui-ci lui envoie. La logique applicative est constituée des scripts traitant les demandes de l'utilisateur. La source de données est souvent une base de données mais cela peut être aussi de simples fichiers plats, un annuaire LDAP, un service web distant, etc. Le développeur a intérêt à maintenir une grande indépendance entre ces trois entités afin que si l'une d'elles change, les deux autres n'aient pas à changer ou peu.

L'architecture MVC est bien adaptée à des applications web écrites avec des langages orientés objet. Le langage PHP n'est pas orienté objet, on peut néanmoins faire un effort de structuration du code et de l'architecture de l'application afin de se rapprocher du modèle MVC. On mettra le logique métier de l'application dans des modules séparés des modules chargés de contrôler le dialogue demande-réponse. L'architecture MVC devient la suivante :

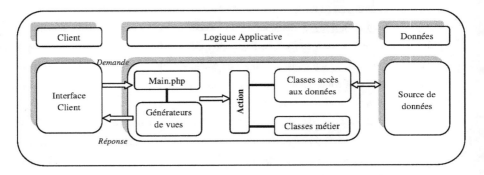

Figure 21 : Architecture MVC dans les applications web avec PHP

Dans le bloc « Logique Applicative », on pourra distinguer :
- le programme principal ou contrôleur, qui est la porte d'entrée de l'application.
- le bloc « Actions », ensemble de scripts chargés d'exécuter les actions demandées par l'utilisateur.
- le bloc « Classes métier », qui regroupe les modules php nécessaires à la logique de l'application. Ils sont indépendants du client.
- le bloc « Classes d'accès aux données », qui regroupe les modules php qui obtiennent les données nécessaires au contrôleur, souvent des données persistantes.
- le bloc « Générateurs des vues » envoyés les réponses au client.

Dans les cas les plus simples, la logique applicative est souvent réduite à deux modules :
- le module « Contrôle » assurant le dialogue client-serveur : traitement de la requête, génération des diverses réponses.

- le module « Métier » qui reçoit du module « Contrôle » des données à traiter et lui fournit en retour des résultats. Ce module gère alors lui-même l'accès aux données persistantes.

III. Implémentation de l'application

III.1. Architecture de l'application :

Comme nous avons déjà eu l'occasion de l'évoquer, notre projet est une application web qui oblige l'utilisateur au premier temps de faire la connexion s'il possède de compte sinon de faire l'inscription pour qu'il puisse accéder à l'application.

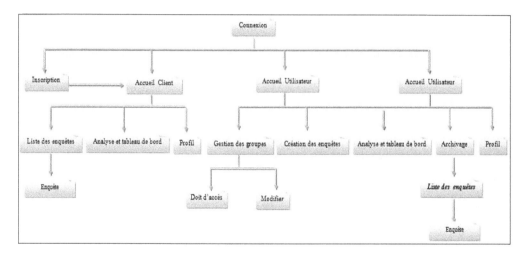

Figure 22 : Architecture de l'application

III.2. Présentation et description des interfaces

Notre application couvre les principales fonctions nécessaires au traitement d'une enquête. Dans la suite, nous allons présenter quelques interfaces utilisateurs de l'application.

- **Interface de la page Connexion**

Nous commençons par l'interface de connexion de notre application "Enquête en ligne". L'utilisateur doit tout d'abord introduire son adresse email et son mot de passe. En cas d'échec il restera sur la même page et s'il ne possède pas de compte il a la possibilité de s'inscrire.

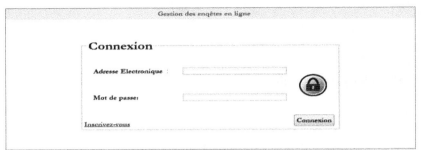

Figure 23 : Interface de la page « Connexion »

- **Interface de la page Inscription**

L'utilisateur doit faire l'inscription s'il ne possède pas de compte, il faut introduire ses informations personnelles aux champs correspondants. Si les informations personnelles ne sont pas valides un message d'erreur est affiché.

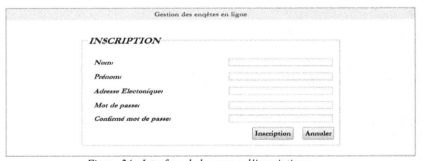

Figure 24 : Interface de la page « l'inscription »

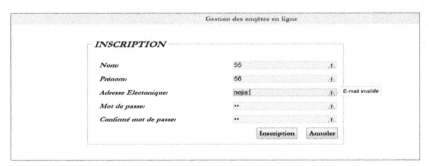

Figure 25 : Interface de la page « Inscription_erreur »

- **Interface de la page d'accueil Client**

Après avoir bien introduit le login et le mot de passe, ou faire l'inscription, une page d'accueil apparait au client pour choisir la fonctionnalité qu'il veut effectuer (accéder à l'acceuil, ou bien le menu des enquêtes et enfin il peut consulter les analyse statistique et le tableau de bord).

Figure 26 : Interface de la page « Accueil Client »

- **Interface de la page d'accueil Administrateur / Utilisateur**

La page d'accueil correspondant au profil Administrateur / Utilisateur possède plus de fonctionnalités. L'administrateur ou bien l'utilisateur peut gérer les droits d'accès, créer les enquêtes, publier les actualités et archiver les questionnaires.

Figure 27 : Interface de la page « Accueil Administrateur / Utilisateur »

- **Interface de la page Gestion des groupes**

L'administrateur a le droit, de gérer les droits d'accès et de modifier les membres du groupe déjà existant qui sont soit administrateur, soit utilisateur ou bien client.

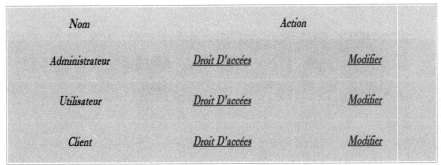

Figure 28 : Interface de la page « Gestion des groupes Administrateur »

Lorsque l'administrateur veut modifier les droits d'accès d'un utilisateur il suffit de cliquer sur le lien « Droit d'accès », où il peut donner les droits : Consultation, Insertion et Modification des différents pages. Si cet administrateur ne possède pas le droit de modifier, le bouton enregistrer sera grisé.

Utilisateur

Page	Consultation	Insertion	Modification
Acceuil	☑	☑	☑
Compte	☑	☑	☑
Groupe	☑	☑	☑
Enquête	☑	☑	☑
Analyse	☑	☑	☑
Archive	☑	☑	☑

Enregistrer

Figure 29 : Interface de la page « Droit d'accès Utilisateur »

Lorsque l'administrateur veut modifier les membres de groupe, il suffit de cliquer sur le lien « *Modifier* », où il peut consulter et modifier les membres d'un groupe à un autre et s'il n'a pas le droit de modifier il restera sur la même page.

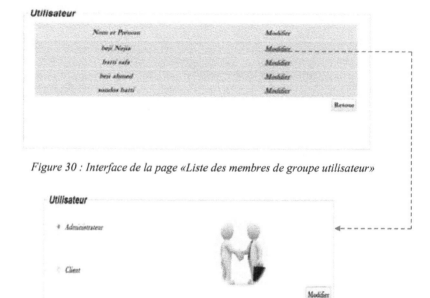

Figure 30 : Interface de la page «Liste des membres de groupe utilisateur»

Figure 31 : Interface de la page «Modifier »

- **Interface de la page Création des enquêtes**

Pour la création des enquêtes l'utilisateur doit tout d'abord saisir le nom du questionnaire et sa description. A chaque fois qu'il choisie le type de question et saisie son intitulé, il suffit de cliquer sur l'icône « Dupliquer » pour le créer. Une fois que l'utilisateur termine la saisie du questionnaire, clique sur le bouton valider pour créer son enquête.

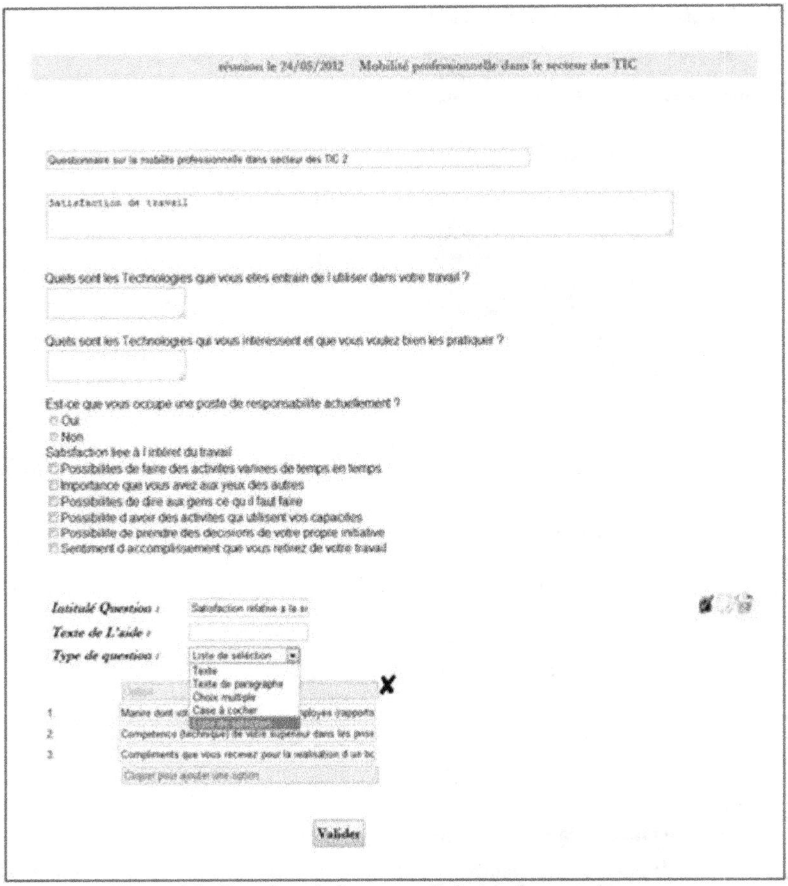

Figure 32 : Interface de la page « Création des enquêtes »

Une fois que le questionnaire est crée le formulaire est affiché (voir Figure 37) avec deux boutons « Envoyer » et « Imprimer ».

En cliquant sur le bouton « Envoyer » une boite d'envoie est affiché où il peut ajouter les adresses emails des distinataires, écrire l'objet et le message à envoyer avec le lien du formulaire du questionnaire.

Figure 33 : Interface de la page « Boite d'envoie »

Figure 34 : Interface de la page « Liste des E_mail »

On cliquant sur le bouton « Imprimer » une boite de dialogue de l'impression est affiché où il peut imprimer le questionnaire.

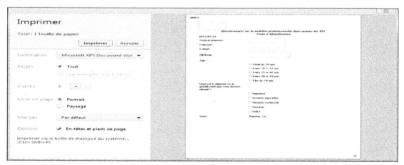

Figure 35 : Interface de la page « Boite de dialogue de l'impression »

- **Interface de la page Archivage**

Tout les questionnaire crées seront placer dans le menu archivage avec le numéro du questionnaire, son nom et sa date de création. Une fois que l'utilisateur termine avec le questionnaire il peut l'archiver, l'envoyer ou bien l'imprimer en cliquant sur le le nom du questionnaire.

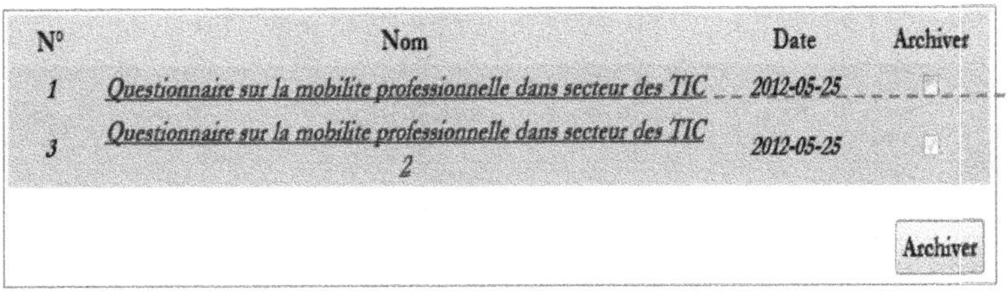

Figure 36 : Interface de la page « Liste des questionnaire à archiver »

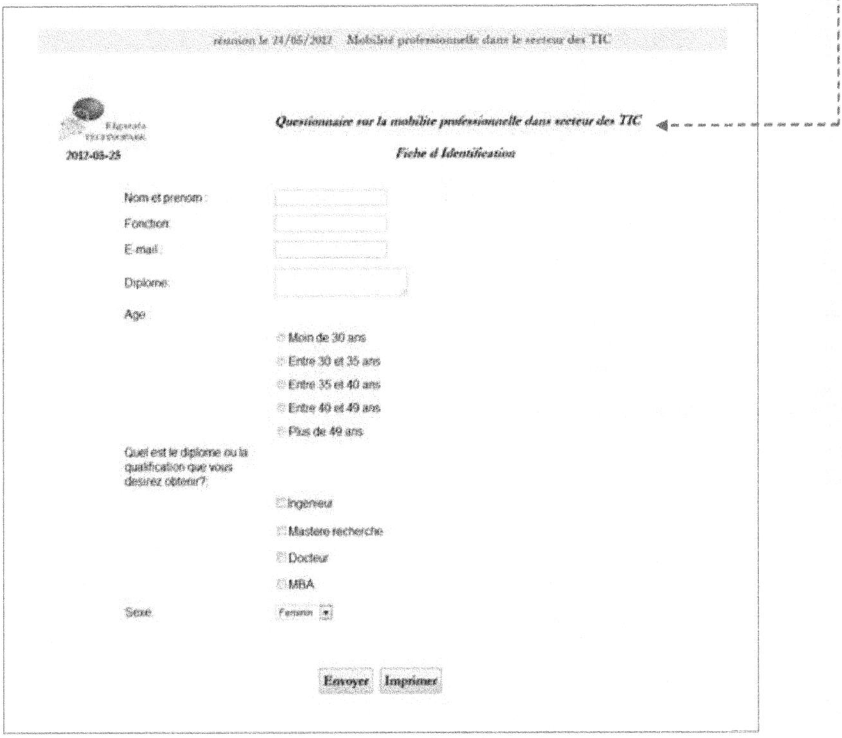

Figure 37 : Interface de la page « Le formulaire du questionnaire »

- **Interface de la page Rédaction des actualités**

L'administrateur peut rédiger tout type d'actualité et les publiés dans le mur des différents utilisateurs de l'application.

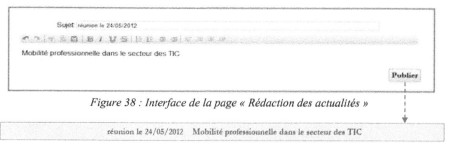

Figure 38 : Interface de la page « Rédaction des actualités »

Figure 39 : Interface de la page « Publication des actualités »

- **Interface de la page Profil**

L'utilisateur peut à tout moment modifier les informations de son profil. En cliquant sur son nom, un tableau contenant les informations personnelles est affiché. Pour les modifier, il suffit de cliquer sur le lien « Modifier » d'où une page de modification apparait pour le changement de son profil.

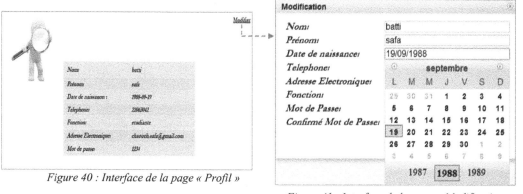

Figure 40 : Interface de la page « Profil »

Figure 41 : Interface de la page « Modification »

- **Interface de la page Liste des enquêtes envoyées au client**

Quand l'administrateur envoie le formulaire du questionnaire, seulement les clients des adresses séléctionnées peuvent visualiser les enquêtes envoyées, d'où ils ont la possiblité de répondre au questionnaire une seule fois, sinon ils peuvent l'imprimer.

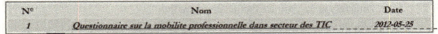

N°	Nom	Date
1	Questionnaire sur la mobilité professionnelle dans secteur des TIC	2012-05-25

Figure 42 : Interface de la page « Listes des enquêtes envoyer au client »

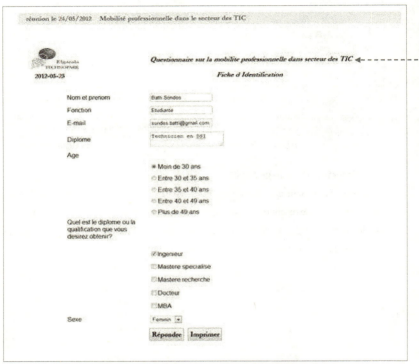

Figure 43 : Interface de la page « Formulaire à répondre »

Une fois qu'un client répond au questionnaire, un message est affiché. Le client peut accéder au formulaire depuis l'email envoyé ou depuis l'interface de l'application.

Figure 44 : Interface de la page « Message afficher »

- **Interface de la page Analyse et tableau de bord**

L'administrateur et aussi le client peut visualiser les statistiques du questionnaire au fonction des réponses en temps réel, on cliquant sur le nom du questionnaire un histogramme est affiché.

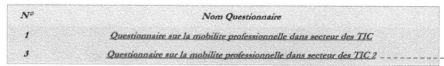

Figure 45 : Interface de la page « Tableau d'analyse »

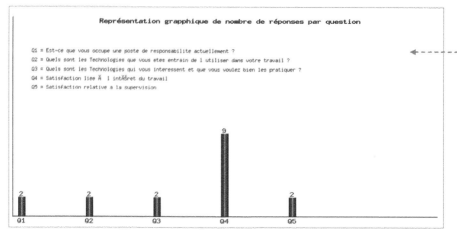

Figure 46 : Interface de la page « Histogramme »

IV. Planification du projet

C'est l'activité qui consiste à déterminer et à ordonnancer les tâches du projet, à estimer leurs charges et à déterminer les profils nécessaires à leur réalisation. L'outil requis est le planning.

Pour la réalisation de notre projet nous avons suivi le planning suivant :

- Recherche et documentation
- Spécification
- Conception
- Développement
- Test et validation
- Rédaction du rapport

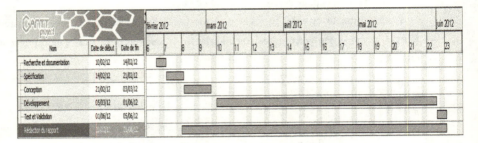

Figure 47 : Diagramme de Gantt « Planning du projet »

Conclusion

Ainsi s'achève la partie de réalisation. Au cours de ce chapitre, nous avons décrit les plateformes matérielles et logicielles sur lesquelles nous avons construit cette application et nous avons présenté les interfaces les plus significatives de cette application.

CONCLUSION GENERALE

Dès sa création, la société Pôle Elgazala des technologies de la communication a pour mission première de faire face aux difficultés de collecte des informations auxquelles sont confrontées les sociétés tunisiennes.

Après l'intégration d'un projet d'informatisation des enquêtes en ligne, le pôle décide d'implémenter un nouveau système qui permettra de simplifier et à rendre plus compétitif le travail des entreprises du pôle afin de faciliter les échanges entre eux. La réalisation de ce module était notre tâche durant ce projet.

Le but de notre travail consiste en la conception et le développement d'une application web d'enquête en ligne pour le Pôle Elgazala qui aura comme service de faciliter la communication entres les différentes entreprises et l'administration du pôle. L'enquête en ligne permet de créer toutes sortes de sondages en ligne de manière simple et de les évaluer automatiquement. La mise en place d'un tel système constitue un défi majeur car il s'agit de modéliser une activité où le côté subjectif et les critères qualitatifs sont très importants.

Tout au long de ce projet, nous nous sommes définis une démarche rigoureuse aussi bien pour la compréhension de la problématique que pour les différentes phases de réalisation. Nous avons, en effet, entamé le projet en mettant au point, avec l'ensemble des acteurs concernés, une terminologie précise et appropriée du concept des enquêtes en ligne. Nous nous sommes ensuite intéressés à l'étude de l'environnement préexistant afin de dresser la liste des atouts et des contraintes inhérentes à l'existant.

Nous nous sommes ensuite intéressés à la spécification et l'analyse des besoins, qui nous a permis d'attaquer facilement la première phase (phase de lancement du projet). Nous nous somme ensuite penchés sur la conception d'une base de données en intégrant une architecture qui serve de fondation à notre système d'information décisionnel pour aboutir à des présentations permettant de faciliter l'évaluation et le suivi des résultats des enquêtes en ligne afin d'adopter des solutions appropriés aux situations rencontrées par les enquêteurs.

Pour arriver à terme de ce projet, nous avons conçu une application se connectant à une base de données permettant de rendre l'opération d'enquête en ligne une tâche facile.

Ce projet nous a permis de mieux comprendre le principe des enquêtes en ligne. En outre, c'été l'occasion d'approfondir nos connaissances au niveau conception des bases de données et sur les nouvelles technologies telles que l'architecture MVC (Modèle-Vue-Contrôleur).

En effet, le développement du site nous a servi d'initiation au domaine Web dynamique et application multimédia. De plus, nous avons eu l'opportunité de connaître l'état de l'art de HTML à la programmation Web. Ainsi que la manipulation de PHP nous a permis de découvrir sa richesse et de familiariser avec cet environnement de développement très intéressant dans le domaine de la programmation des applications client serveur.

Enfin, nous voulons signaler que ce stage nous a été vraiment d'un grand apport au plan humain. Il nous a offert l'opportunité de nous intégrer dans l'environnement de l'entreprise et d'améliorer nos capacités de communication et d'adaptation à la vie professionnelle et du travail en équipe, ce qui sera un atout dans un futur proche. Comme il nous a aussi offert l'occasion d'enrichir notre connaissance et notre formation théorique et pratique acquise à l'ISET.

NETOGRAPHIES

[1] **La méthode de conception MERISE**, www.journaldunet.com/developpeur/, Avril 2001.

[2] **FOKOU TAFODI et FOTSO**, www.scribd.com/doc/62475718/31/III-4-3- UML a Merise pour la BD.

[3] **Introduction à UML**, www.commentcamarche.net, Octobre 2008.

[4] **Introduction à PHP**, www.commentcamarche.net, Avril 2009.

[5] **ASP - Active Server Pages – Introduction**, www.commentcamarche.net , Octobre 2008.

[6] **Webmastering –Les langages du web**, www.biostatisticien.eu/CCM/web/weblang.htm

[7] **Etude et réalisation d'un portail web 2.0 avec la technologie Ajax**,
http://rgvorodi.webhost.uoradea.ro/Projects/SPIKE/Archive/ICAM/Projet%20Leonardo.pdf, Juin 2007.

[8] **Bases de données – Introduction**, www.commentcamarche.net, Octobre 2008.

[9] **Diagramme de cas d'utilisation**, http://fr.wikipedia.org/wiki/ , Mai 2012.

[10] **Unified Process**, http://fr.wikipedia.org/wiki/Unified_Process, Mai 2012.

[11] **Denis GALLOT**, http://www.ac-nancy-metz.fr/eco-gestion/eric_crepin/analys/chap02/accueil.htm.

[12] **Amal JBIRA et KERDOUDA Imane**, http://www.scribd.com/doc/46648313/Rapport Diagramme-de-Classe.

[13] **Digramme d'activité**, http://saoudyihab.voila.net/cours_uml/Diagramme_d_activite.pdf

[14] **Dictionnaire Informatique**, http://dictionnaire.phpmyvisites.net/definition-HTML-4599.htm, 28 mai 2012

[15] **Futura-Techno**, http://www.futura-sciences.com/fr/definition/t/internet-2/d/css_4050, 28 mai 2012

[16] **Webmaster**, http://www.webmasterfrance.fr/Webmaster-javascript.html

[17] **Reims Champagne Hockey**, www.romain-sergeant.com/Homepage/uploads/Rapport_info.pdf, juin 2009.

[18] **Le concept d'AJAX**, www.siteduzero.com/tutoriel-3-107525-le-concept-d-ajax.html, Décembre 2010.

[19] **Structured Query Language**, http://fr.wikipedia.org/wiki/SQL, Mai 2012.

[20] **INTRODUCTION**, http://www.scribd.com/doc/8578204/1/INTRODUCTION.

[21] **Wamp Server**, http://fr.wikipedia.org/wiki/WampServer, 17 Mai 2012

[22] **Star UML**, http://fr.wikipedia.org/wiki/StarUML , Mai 2012

[23] **Méthodologie de développement MVC d'une application**, progwebphpmvc_2.pdf, 2005

BIBLIOGRAPHIES

[24] **Pascal Roques, Franck Vallée**, « UML en Action », Eyrolles deuxième édition ,2003

[24] **Pierre Alain MULLER**, « Modélisation Objet avec UML », Eyrolles 2001

[25] **P. Roques et F. Vallée**, « De l'analyse à la conception en JAVA », Eyrolles 2001

ANNEXES

✓ Utilisation des sessions en PHP

Les sessions dans php est un outil très important pour sécuriser le transfert et le dialogue entre les pages du site web qui se fait par les variables d'environnement POST et GET.

Dans notre projet les sessions ont été largement utilisées pour éviter toute interprétation de l'URL par des tiers malfaiteurs et surtout pour les pages non accessible qu'après authentification.

Le principe est que la session enregistre tous les paramètres qu'il faut passer entre les pages dans le serveur (login, profil...), ensuite chaque page fait appel, avant d'afficher son contenu, à ce fichier pour vérifier que l'utilisateur est passé par l'interface d'authentification.

```
session_start();
        $_SESSION['adr']=$adr;
        $_SESSION['pwd']=$pwd;
```

Figure 48 : Récupération des données en utilisent la session

✓ Utilisation de la bibliothèque JS

Dans notre Projet nous avons utilisé plusieurs fois la bibliothèque JS dans des différents pages de l'application.

Figure 49 : Bibliothèque JS

✓ Bibliothèque Dojo

Dojo est un support cross-browser, chargement des packages, accès et manipulation du DOM, debugger Firebug Lite, évènements, composants MVC, Drag and drop, appels Ajax asynchrones, encodage, décodage JSON.

```
<script type="text/javascript" src="js/jquery-1.3.2.min.js"></script>
<script src="js/dojo/dojo.js"
    type="text/javascript"
    djConfig = "parseOnLoad: true, preventBackButtonFix: false, isDebug: false">
</script>

<script type="text/javascript">
    dojo.require("dijit.dialog");
    dojo.require("dijit.form.TextBox");
    dojo.require("dijit.form.NumberTextBox");
    dojo.require("dijit.form.DateTextBox");
    dojo.require("dijit.form.TimeTextBox");
    dojo.require("dijit.form.Button");
    dojo.require("dojox.layout.DragPane");
    dojo.require("dijit.form.DropDownSelect");
    dojo.require("dijit._Container");
</script>
```

Figure 50 : Bibliothèque Dojo

✓ Bibliothèque Dijit

Dijit est un Widgets, Contrôles avancés d'interface utilisateur, système de Template.

Figure 51 : Bibliothèque Dijit

Voici un exemples de widgets issus de dijit

Figure 52 : Dijit.Editor

Figure 53 : Dijit.Calandar

✓ Fonction envoie :

La fonction envoie permet de récupérer les valeurs des champs (destinataire, l'objet, et le message) saisi par l'utilisateur pour l'envoyer à la page « envoimail.php » avec le paramètre de dojo.xhrPost « URL ». Le serveur gère les données envoyé à partir le paramètre « handelAs ». Le paramètre postData permet d'envoyer les données par la méthode post.

```
function envoie(){
    var v_1 = dojo.byId('a').value; //récupérer les valeurs de champs dans des variable
    var v_2 = dojo.byId('objet').value;
    var v_3 = dojo.byId('msg').value;

    var par = 'par1=' + v_1 + '&par2=' + v_2 + '&par3=' + v_3 ;//Concatination des variables

    dojo.xhrPost( {
                    url: "envoimail.php",//appel de la fonction envoimail.php
                    handelAs: "text",//Ce paramètre spécifie comment gérer les données renvoyées par le serveur
                    postData: par,//la chaîne de données que vous souhaitez envoyer en tant que le corps de poste.
                    load: function(response){//télécharger la fonction reponse
                            dojo.byId("DivId1").innerHTML = response;
                        },
                    error: function(response){
                            dojo.byId("DivId1").innerHTML = "An error has occured";
                        }
                    }
                );

    dijit.byId('dialogId1').hide();
    dijit.byId('dialogId3').show();
}
```

Figure 54 : Fonction Envoie

Dans la page « envoimail.php », la classe PHP Mailer est instancier et configurer. Puis la récupération des différentes informations saisis par l'utilisateur dans le formulaire précédent. Et enfin envoyé le mail avec « $mail->send () ».

```
<?php
require("PHPMailer_v5.1\class.phpmailer.php");

$P_par1 = $_POST['par1']; //Récupération du paramètre du destinataire A
$P_par2 = $_POST['par2'];//Récupération du paramètre d'objet
$P_par3 = $_POST['par3'];//Récupération du paramètre du message
$mail = new PHPMailer();
$mail->IsSMTP();
$mail->Host = "smtp.gmail.com";// Nom d'hôte
$mail->Port = 25; //***************
$mail->SMTPAuth = true;//authentication SMTP oui ou non
$mail->SMTPSecure = "tls";
$mail->Username = "batti.nejia@gmail.com"; //Nom d'utilisateur
$mail->Password = "amourldur0";//Mot de passe
$mail->From = "batti nejia"; // Expéditeur
$mail->FromName = "Enquête ";//Nom Expéditeur
$mail->AddReplyTo("batti.nejia@gmail.com"); //*****************
$mail->AddAddress($P_par1); // A:
$mail->IsHTML(true);//l'émail sera au format HTML
$mail->Subject = "Formulaire";
$mail->Body='<html><body><head><style>.entete{background-color:#0000FF;color:#FFFFFF;border:solid 3px;font-size:25px}';
$mail->Body.='.ligne{color:#0000FF;border:solid 1px;text-align:center;font-size:23px}</style></head>';
$mail->Body.='<center><table><tr><td class="entete" colspan="2" >Enquête en ligne</td></tr>';
$mail->Body.='<tr>
    <td><strong><label>A: </label></strong></td>
    <td>'.$P_par1.'</td>
    </tr>
    <tr>
    <td><strong><label>Objet: </label></strong></td>
    <td>'.$P_par2.'</td>
    </tr>
    <tr>
    <td><strong>Message :</strong></td>
    <td>'.$P_par3.'</td>
    </tr>
</table></center></body></html>';
$mail->Send();// L'envoi se fait par $mail->Send();
echo "Merci pour votre participation";
?>
```

Figure 55 : Page envoimail.php

✓ Fonction mettre à jour :

La fonction mettre_a_jour permet de sélectionnée les informations personnels du navigateur et les affichés dans un dialogue (dialogId1) pour permettre de modifier le profil personnel (nom, prénom, date de naissance, numéro téléphone, fonction, adresse, mot de passe...) on les envoyant à la base pour faire la modification.

La fonction $.ajax a les paramètres suivant :

- <u>Type</u> : POST ou GET qui permet de récupérer les données dans l'URL avec $_POST ou $_GET.

- <u>URL</u> : la page qui va faire l'interaction avec code de JavaScript et une autre page avec une autre ou même extension.

- <u>Data</u> : récupérer les donnés et les transfères à une autre page.

```
function mettre_a_jour()
{
        $.ajax({
                type: "POST",
                url: 'ajaxaction.php',
                data: {
                        "nom_dialog":$('#nom_dialog').val(),
                        "id_utilisateur":$('#id').val(),
                        "prenom_dialog":$('#prenom_dialog').val(),
                        "date_dialog":$('#date_dialog').val(),
                        "num_dialog":$('#num_dialog').val(),
                        "fct_dialog":$('#fct_dialog').val(),
                        "adr_dialog":$('#adr_dialog').val(),
                        "pwd_dialog":$('#pwd_dialog').val(),
                        "confpwd_dialog":$('#confpwd_dialog').val()
                },
                success: function(msg){
                        alert(msg);
                }
        });

        document.getElementById('nom').innerHTML = document.getElementById('nom_dialog').value;
        document.getElementById('prenom').innerHTML = document.getElementById('prenom_dialog').value;
        document.getElementById('date_D').innerHTML = document.getElementById('date_dialog').value;
        document.getElementById('num').innerHTML = document.getElementById('num_dialog').value;
        document.getElementById('fct').innerHTML = document.getElementById('fct_dialog').value;
        document.getElementById('adr').innerHTML = document.getElementById('adr_dialog').value;
        document.getElementById('pwd').innerHTML = document.getElementById('pwd_dialog').value;

        dijit.byId('dialogId1').onCancel();
}
```

Figure 56 : Fonction mettre_a_jour

L'URL : ajaxaction.php execute un script php simple qui récupére les données dont il a besoin de la fonction mettre_a_jour.

```
<?php
mysql_connect("localhost","root","");
mysql_select_db("enquete");

$id_utilisateur = $_POST['id_utilisateur'];
$nom_dialog = $_POST['nom_dialog'];
$prenom_dialog = $_POST['prenom_dialog'];
$date_dialog = $_POST['date_dialog'];
$num_dialog = $_POST['num_dialog'];
$fct_dialog = $_POST['fct_dialog'];
$adr_dialog = $_POST['adr_dialog'];
$pwdupdate = '';
if(!empty($_POST['pwd_dialog'])){
        $pwd_dialog = $_POST['pwd_dialog'];
        $confpwd_dialog = $_POST['confpwd_dialog'];
        $pwdupdate = " ,pwd = '".$pwd_dialog."', confirme_pwd = '".$pwd_dialog."'";
}
$sql="UPDATE utilisateur SET nom = '".$nom_dialog."',
                prenom = '".$prenom_dialog."',
                tel = '".$num_dialog."',
                fonction = '".$fct_dialog."',
                e_mail = '".$adr_dialog."' ".$pwdupdate."
                WHERE id_utilisateur ='".$id_utilisateur."';" ;
$result=mysql_query($sql);
echo 'Enregistrement avec succès';
?>
```

Figure 57 : Page ajaxaction.php

Résumé

«Conception et développement d'une application web sur la réalisation des enquêtes en ligne»

DANS le cadre de notre projet de fin d'études, réalisé au sein de l'entreprise **«Pôle Elgazala des technologies de la communication»**, nous avons œuvré dans le but de concevoir et de développer une application web qui assure la réalisation des enquêtes en ligne pour facilité le travaille du responsable, à la rédaction des questionnaires, faire le sondage et les statistiques et avoir un domaine informatisé d'où l'employés peut avoir tout les actualités consternant le travaille.

Pour la réalisation de ce projet, nous avons opté pour l'utilisation d'UML dans le cadre du processus de modélisation, et de StarUML pour la schématisation des diagrammes. Concernant le développement du site Macromedia Dreamweaver 8 est la plate-forme utilisée ainsi que EasyPHP 1.7 qui est un environnement comprenant deux serveurs : un serveur web Apache et un serveur de bases de données MySQL d'où il interprète le script PHP.

Abstract

«Design and development of a web application on the implementation of online surveys»

AS part and graduation project, carried out within the company **«Elgazala Pole of communication technologies»**, we worked in order to design and develop a web application that ensures the realization of investigations line to ease the work of the head, reducing the questionnaires to the survey and statistics and have a computerized field where employees can have all the shocking news works.

For this project, we opted for the use of UML within the modeling process, and StarUML for mapping diagrams. On site development Macromedia Dreamweaver 8 is the platform used and EasyPHP1.7 which is an environment with two servers: Apache web server and a server database to MySQL where he interprets the PHP script.

ملخص

" تصميم و تطوير تطبيق الواب حول انجاز دراسات استقطابية عبر الانترنت "

في اطار مشروع تخرجنا الذي تم في إطار مدينة تكنولوجيا للمواصلات تم العمل من أجل تحقيق الهدف الذي يساعد المسؤول بالشركة في إعداد الأسئلة المتعلقة بالمحاضرات التي يتم انجازها و وضعها على الموقع الواب ليتم تسهيل عملية الإحصائيات و وضع المستجدات عليه.

www.ingramcontent.com/pod-product-compliance
Lightning Source LLC
LaVergne TN
LVHW042344060326
832902LV00006B/366